国家出版基金项目
NATIONAL PUBLICATION FOUNDATION

十二五国家重点出版物出版规划项目

走向世界丛书

主编 钟叔河 曾德明 杨云辉

FROM EAST TO WEST

沈翊清东游日记
周学熙东游日记

朱发建 校点

岳麓书社·长沙

本册总目□

□

沈翊清东游日记

□

周学熙东游日记

丛书新序□

钟叔河

二〇一三年十月

“走向世界丛书”一百种，只收晚清时期 from east to west（从东方到西方）的记述，这并不等于说，只有十九世纪末二十世纪初的中国人，才需要面对走向世界的问题。

纵观人类历史，走向世界决不是什么地区性和阶段性的活动，而是不断出现在全人类发展进步过程中并与之同步的历史现象。一百万年前，人类开始从非洲进入亚洲和欧洲，一万年前，又从亚洲进入北美洲和大洋洲，就是在不断地走向世界。

从有史以来的文献、文物看，三千多年前的《奥德赛》和《出埃及记》，说的是古希腊人和以色列人走向世界——走向地中海和巴勒斯坦。两千多年前的《史记》和《汉书》，写了张骞和后来汉朝"益发使"走向世界——曾走到罗马在西亚的边陲。一千三百年前的《大秦景教流行中国碑》、七百年前的《马可·波罗游记》和四百年前的《利玛窦中国札记》，记下了阿罗本、马可·波罗、利玛窦的 from west to east，这和 from east to west 一样，都是在走向世界。

人类曾因地理、种族、制度、意识形态等原因而互相分离，甚至隔绝。夜郎国的君长初见汉使时问："汉孰与我大?"当是时，夜郎的世界僻处黔西，其"大"可知；连夜郎都未入版图，则汉之"大"亦远不如今之中国。但人为万物之灵，为了求生存谋发展，总不能老守着自己的一亩三分地，总会要想方设法走向世界——走向更广阔的外部世界。于是，汉要"通西南夷"，要前往原来"道险终不能有"的夜郎；夜郎要问"汉孰与我大"，要想改变原来"不知汉广大"的状况。由互相隔绝变而互相接近，互求了解，这就是走向世界。

走向世界，无论是自己走出去还是让别人走进来（总比让别人杀进来好），无论是主动的还是被动的，从总的历史进程看，用大的历史眼光看，都有利于发展，都是一种进步。对汉朝来说是如此，对夜郎来说亦是如此。两千年前是如此，两千年后亦是如此。上世纪七十年代末开始编辑出版“走向世界丛书”时是如此，如今来继续编辑出版这部丛书时亦是如此。

今天的中国已不再是七十年代的中国，虽然仍称发展中国家，经济总量却早已“超英”，正在“赶美”，但走向世界的路还“漫漫其修远”。时至现代，走向世界当然是要走向现代化的世界，也就是要高度现代化，全盘现代化。“四个现代化”的“四个”——工业、农业、科技和国防，已经“化”出了很大的成绩，而我们的管理现代化，我们的服务现代化，我们的制度现代化……要走的路的确还很长。

现代人走向世界，首先要使自己成为能接受全球文明，有世界知识，有世界眼光，有世界理想的人。“走向世界丛书”杰出的作者，如郭嵩焘、黄遵宪……又如邹代钧、金绍城……他们看到的新技术还是德律风（送话器和最早的手摇电话机）、火轮车（蒸汽机车）……我们如今却已经用上了智能手机、坐上了波音飞机……但在思想层面上，我（不敢称我们）反省自己的世界眼光和世界理想，甚至在世界知识的某些方面，比起一个多世纪以前的郭、黄他们来，差距实在还不小。在这方面，也就是人的现代化这方面，要走的路就更“漫漫其修远”了。

五年前北京奥运会的成功举世公认，它已经成为中国走向世界的一大标志。它的口号：

ONE WORLD，ONE DREAM

“同一个世界，同一个梦想”，这也应该是现代人走向世界的志向和目的，是我们继续编辑出版“走向世界丛书”的志向和目的。

丛书原序

钟叔河

一九八〇年七月

人们常说，今日之世界，乃是一个“迅速缩小的世界”（rapidly shrinking world）。在电视卫星、激光通信和喷气式客机的时代，地球之上各地之间的距离，确实好像越来越短，人们相互间的接触和交流，也越来越方便和密切了。

可是，仅仅在几代人以前，异国还显得那样的离奇和遥远。古代欧洲人说，中国人用小米和青芦喂一种类似蜘蛛的昆虫，喂到第五年虫肚子胀裂开，就从里面取出丝来（Pausanias《希腊纪事》）。古代中国人则曾经相信，西方有种羊羔是从泥土里生长出来的，脐带还连着大地（《旧唐书·西戎传》、《渊鉴类函·边塞部九》）。这类海外奇谈，今天听起来简直不可思议，而在过去上千年中，却一直被当作可信的资料，记载在欧洲和中国的史书上。由此可见，人类文明的发展，经历了一条何等漫长曲折的道路。

为了探索和开辟外部世界，丰富自己的物质和精神生活，各国人民都作过许多贡献。人类文明史像叙说伟大的发明家和著作家一样，将永远铭记着张骞、玄奘、马可·波罗、哥伦布等不朽的名字。我们甚至可以这样说：一个民族从中世纪到现代的历史，也就是它打开眼界和走向世界的历史。

历史的发展从来是不平衡的。当黄河、长江已经哺育出精美辉煌的古代文化时，泰晤士、莱茵和密西西比河上的居民，还在阴暗的原始森林里徘徊。而自从地理大发现和产业革命以来，中国却相对地落后了。在西方实现资本主义的现代化以后，中国还是一个基本上同外界隔绝的古老国家。是鸦片战争打开了中国的大门，也打开了中国人的眼睛。人们称林则徐和魏源为清代最早“开眼看世界”的人，因为西方的坚船利炮打到中国来时，他们首当其冲，亲身感到这个世界在缩小，距离和壁垒再也不能将异国隔离开了。

过去时代的中国读书人，在“严夷夏之大防”的社会里度过了上千年。封闭的外壳被打破后怎么办？守旧派的办法是把脑袋钻进沙子里学鸵鸟，像慈禧太后的大学士徐桐，见到洋人就以扇遮面。就是这个徐桐，在庚子年间焚香叩请骊山老母下凡来“杀尽洋人”，结果骊山老母没有下凡，他自己的老命却白白送掉了。而林则徐和魏源则不同，提出要“师夷长技以制夷”，主张学习外国的长处，以对付外国的侵略。要学习，先得了解，于是林则徐编了《四洲志》，魏源编了《海国图志》。虽然他们未能亲身出国去考察，书的材料靠间接采辑而来，难免有许多谬误，但无论如何，地里长羊羔之类的神话毕竟不得不逐步让位给常识了。

林、魏之后，中国才开始有读书人走出国门，到欧美日本去学习、访问和工作。容闳、王韬、郭嵩焘、黄遵宪和严复等人，要算是最早的。接着出国的人渐渐多了起来，尽管其中不少是奉派而去的政府官员，但既然去了，就不会不接触近代—现代的科学文化和政治思想，也就不可能不在中国发生影响。

“走向世界丛书”专收一九一一年前国人亲历

欧美和日本的记述。自从一八四〇年鸦片战争失败那时起，先进的中国人，经过千辛万苦，向西方国家寻找真理。应该说康有为和在他之前的郭嵩焘、王韬、容闳等人，的确代表了近代中国向西方寻找真理的一派人物。当然，丛书所收的，也并不全属先进的人物的作品；但总而言之这些都是中国人从东方走向西方的实录，自有其文化的意义和历史的价值。

必须指出的是：从鸦片战争到五四运动这一历史时期中，西方国家虽在许多方面比中国先进，值得中国人学习，但国家利己主义的本质，却总是要压迫剥削比他们落后的民族的。中国人走向世界、接触西方，既有一个学习外国长处的问题，又有一个抵抗外国侵略的问题，盲目排外和盲目崇外都是错误的。对于某些作品中不免流露的这类观点，我们将在为各书撰写的叙论中，适当地作些分析，供读者参考。

“洋为中用”是我们今天的主张，也是十九世纪先进的中国人的主张。“师夷长技以制夷”，不就是“洋为中用”吗？当然，随着接触和认识的逐步深入，人们慢慢地看出：仅仅学一点“长技”，搞一点坚船利炮，还是不行的；要救国，只有维新，维新行不通，就只有革命。伟大的革命先行者孙中山，用他自己的话来说，也是在一八七八年出国以后，“始见轮舟之奇、沧海之阔，自是有慕西学之心，穷天地之想”，才树立了推翻清朝建立民国的大志和信心。历史无情亦有情，后人的思想和事业肯定要超越前人，但前人的足迹总可以留作后人借鉴，先行者总是值得纪念的。

今天的世界已不是十九世纪的世界，今天的中国更不是清朝末年的中国。今日之中国，已经逐渐以现代的面貌，出现在世界的东方。但是，世界的进步越来越快，中国的经济和文化等许多方面还需要不断地发展和提高；这就必需继续打开眼界、走向世界。打开眼界以后，还要学会分析，分清好的和坏的。一切好的东西，要拿来为我所用；一切有害的东西，要实行抵制和预防。在这方面，前人的经验和教训，有一些也仍然值得我们注意。

谨将这套丛书奉献给爱好历史和文化、关心中国和世界的读者，希望它能在中国现代化的过程中，起到一点微薄的作用，是为序。

丛书凡例□

一、“走向世界丛书”一九八六年前已刊三十五种，二〇一五年起仍按原定一百种的计划继续刊行，仍然专收现代以前用文言写作的国人考察西方（含开国后的日本）的记述，仍以亲身经历、直接闻见者为限。

二、丛书按作者出国年月排列次序，尽量单行，即以一种为一册；字数过少无法单行者，才以两种或数种合订成册。合订本尽可能以类相从，按第一种出国年月排序；其各种均在封面列出书名，书脊则只列出第一种书名，并在其下注明“等几种”。

三、每种（册）书前，均由编校者撰写导言（叙论），介绍作者有关背景和书中重要内容，酌加评论分析，以供读者参考。

四、丛书均经编校者校订，标点分段，并加边批。边批的内容主要包括三个方面，兹以《随使德国记》为例，举示如下：

1. 标题、提要和说明，如“星使由苏州来”、“普鲁士分一十二省”、“演八十日环游地球的故事”、“如夫人即赛金花”、“‘人工’今皆称工人”。

2. 书中较重要的译名（加括弧注出原文或今译），如“德璀琳（Detring）”、“毕驷马（俾斯麦）”、“布莱门（不来梅）”、“德利风（电话）”。

3. 原文的订正和存疑，如“‘公司船’原无船字”、“‘骁勇’原作‘骑勇’”、“‘薛福成’成字原作辰”、“奥京立斯本应是维也纳”。

五、每种书后，均附人名索引，人名依首字笔画和一丨丿丶乚排列，按年、月、日三节数字查检（正文单页码下均有年、月、日三节数字备查）。如德璀琳之“德”字为十五画，于索引

“十五画”内检得其名下首列“13，8，17”，查正文“13，8，17”在P.3下，即可在P.3上找到（光绪十三年八月）十七日“乘肩舆往拜税务司德璀琳”的记载。

六、每种书后，一般附有译名简释（今昔译名对照，必要时并加说明），亦依首字笔画和一丨丿丶乚排列。如“卜兰墩浦Brandenburg，勃兰登堡”，又如“勺勾腊chocolate，巧克力”。

七、人名索引和译名简释的条目，并不限于边批中所举者；边批中所举者，则必皆收入索引和简释。

八、人名索引按年、月、日三节数字查检，其原书不著年、月、日者，则按篇章序号或页码查检。

九、原文因排印（抄写）而出现的明显的文字错误径予改正，不在边批中注出。

十、原文中同一外国地名而作者译法多样，

如缪祐孙《俄游汇编》中“彼得堡”就有“比得堡”“彼德堡”等异文，“莫斯科”也是如此。此种情形，无碍阅读，故一仍其旧，不作统一。

十一、原文中之统计数字均一仍其旧。少量表格中之统计数字，为方便读者阅读，改为阿拉伯数字。个别已经失去时效、并无参考价值的资料，则在说明情况后予以删去。

（十二）丛书均以简体汉字印行；除总序、凡例外，编校者所作导言（叙论）、边批、索引中涉及的数字均按现行规定采用阿拉伯数字。

叙论：考察东瀛的两部游历日记□

朱发建

沈翊清的东瀛之旅

沈翊清（1862—1908），字丹曾，号澄斋，沈葆桢之嫡长孙。1880 年入福建船政局，任职先后达二十馀年，历任总稽查、提调及会办大臣各职。光绪二十五年（1899）秋，日本军队举行秋操，欧美各国均派使者前往观看。中国拟派文武二员前往，四川总督奎俊提名文官以福建船政学堂提调沈翊清充任、武官以四川提督丁鸿臣充任，一并带领福州船政学堂学生数名前往。之后，沈翊清从福州抵沪，九月初三日正式从沪乘日船山城丸号出洋，至十一月十一日返沪，前后近三个月。明治维新后的日本迅速崛起，从桃太郎一变而为东方巨人；特别是在甲午中日战争打败中国以后，日本更是以亚洲盟主自居，热心中国事务，关注中国的改革。故沈翊清这次东游受到了日方的热情接待。如九月初六日抵东京，日本参谋部、外务省均派人在馆招呼。在日期间，日人多次造访沈翊清寓所，表达两国同文同种之情，并劝中国练陆军、开学校。沈翊清也拜访参谋部、外务省等机构；所晤官员，大体均持这类态度。参谋部总长大山岩对沈翊清言："汉唐以来，中国以汉文为日本开风气，兹日本所讲求各国武备，如可采择，亦所以报中国也。"（九月廿三日日记）此言大有反哺中国的味道。当时的日本媒介也勤恳请中国阅操、视学及派学生肄业、冀敦友朋师弟之情，于两国有所裨益。作者与外务大臣青木周藏晤谈，青木谓中国不必仇教，中国应多派大员赴各国游历，中国练兵急于开学堂等事，作者认为其言"款款深深"，极以为是。这些记载对于了解当时日本人的中国观很有价值。沈翊清是以观摩日本军队秋操的名义进行东游的，故在日期间，沈翊清首先重点考察的就是日本的军队、军校，参观军队演习。从九月十四日起，他先后参观了陆军成城学校、地方幼年学校（士官学校之预科）、中央幼年学校、户山学校、军医学校等，观摩了成城学校士兵演习、户山学校的士官体操，以及陆军骑兵实施学校、近卫师团步兵第三联队、近卫师团骑兵联队、近卫工兵大队、近卫野战炮兵联队等部队的演习。日记详细记载了日本各种类型部队的构成、演习的精彩场面，了解军校的课程设置，同时对日本两党政治也予以关注。又到横须贺船厂了解情况，并往视日本所购置军舰如富士军舰、浅间军舰等。随后参观了炮兵工厂、东京卫戍医院。九月二十七日，在青山练兵场观看日本军队试演天长节日皇驾临观兵阵式。十月初一日为日皇天长节，作者再至青山练兵场，亲眼观摩了日皇阅兵式，言“日皇相貌奇伟，顾盼不凡”。这天晚上，外务大臣宴请各国使者，客人千馀，“跳舞作乐”，酒肴山积，男女杂坐，极尽其欢。十月初七日，作者还同丁鸿臣等人一起应日本宫内省之邀，赴赤阪离宫观菊花会。是日，客到三千人，“日皇以次点头接见，西客脱帽为礼，华官鞠躬示敬，以重外交之意”。十月十三日，又赴富山观南北军骑兵冲突战法。除阅秋操、参观兵工厂、军事学校之外，沈翊清也考察了日本工艺商务等情况，于学校记载尤详，自幼稚园、女子高师至军医学校、兽医学校、医科大学、理科大学，无不谘询周详，凡其学制、设备、教课内容，均加缕述。如十月初五日，作者应日本友人之邀请，参观幼稚园、高等小学校、高等女学校和女子高等师范学校等，详细记载所见设施、活动、课程等；又如，十月初八日，参观浅草东京工业学校，详细记录了学校的构成、各科设置、上课情形等。对于日本当时重点的企业如天狗烟草制造厂等，也有参观。在日期间，恰逢东京商业会馆落成，作者观摩了落成典礼，赞叹东京商业之盛。十月底，作者离开东京，前往西京，在西京作短暂逗留，参观了东、西本愿寺，大阪炮兵工厂、造币局等，之后由神户登船回国，十一月初抵沪。在日期间，沈翊清逐日记载所见所闻，汇为《东游日记》，并于光绪庚子（1900）三月刊于福州。此书前有谢章铤札（代序），孙诒让、戴鸿慈等序。谢序称："近来诸君所作纪程，仆颇见多种，大抵铺张应酬，缀以篇什，犹是前人《入蜀记》《吴船录》承平行役之故步，于实事求是之学，无当也……足下笔墨明洁，自不待言。且此行为阅操耳，于兵制尤宜详悉，可谓语不离宗。学制为兵制之源，亦复采摭无遗。此作可刻可传，非阿好也。"虽不免阿好之嫌，但大抵为事实。孙序则云："以乔木世臣，负经世之学，故此行于审敌自镜之道，尤所致意，而以兴学与治兵理相通贯，则其义尤闳深，非一曲之士所能识也。"从中亦可见时人于其之推重。沈翊清《东游日记》保留了清末新政之前、维新运动之后国人对日本的观感以及对中国出国的思考，资料重要，经常被研究者所援引。

此次整理，以光绪庚子三月福州初刊本为底本进行点校。

实业家周学熙的考察见闻

周学熙（1866—1947），字缉之，号止庵，安徽建德人，清两江总督周馥之子，晚清著名实业家、藏书家。光绪十九年（1893）顺天乡试举人，清末历任工部郎中、开平矿务局总办、长芦盐运使、山东大学堂总办、直隶按察使等职。民国年间官至财政总长、中国实业银行总经理。尝创办滦州煤矿公司、启新洋灰公司、华新纱厂、耀华玻璃厂、启新机械厂等，与南方实业家张謇并称为“南张北周”。《东游日记》为周学熙1903年受袁世凯委派赴日考察币制时所作。庚子事变后，袁世凯升署直隶总督兼北洋大臣，在直隶推行新政。1902年，周学熙以道员身份入袁世凯幕，为袁世凯筹办北洋银元局，督办官银号，并在天津创办北洋工艺局，设立铁工厂、商品陈列所、国货售品所、种植园等，兴办高等工业学堂和教育用品制造所。1903年春，又被袁世凯委派，赴日考察“工商币制”。此次考察，从三月初七日从天津动身，至五月初九日返津，前后六十馀日。随行者有书记委员刘文园、机器委员李炎卿、匠目杨秀龙及洋务局观察钱少云、官报局观察张巽之等。在日本，周学熙一行人先后考察了长崎三菱造船所、八幡制铁所、神户商品陈列所、川崎造船所、兵库县署、渊钟纺绩厂、川崎氏园林及美术馆、正金银行等，并于三月二十二日登敷岛战斗舰（为日海军中坚五舰之一），观神户安治川筑港工程。其时正逢大阪第五次国内劝业博览会开会，周学熙一行也参观了博览会。据日记，三月二十三日，“公服入博览会场，观日皇亲临开会式”。但当时出了点小纰漏，“因事务长误给末等凭照”，把他们当成了参赛者，“在出品人之列，未获优待”。除参观博览会外，周学熙还在大阪参观、访问了大阪《朝日新闻》社、《每日新闻》社、大阪造币局、三井物产会社与三井银行铁库、住友伸铜场（即铜元制造厂）、硫酸晒粉会社、三菱精炼所（观电气化铜分金银法）、玻璃器皿场、自来水水池、大坂铁工所、阿部造纸厂、金巾纺绩所、博览会场、高峨吴服店等；在京都观饭田吴服店、京都物产陈列所。四月二日至三日，赴奈良游春日神社、二月堂、东大寺、大佛寺各名胜古迹及学校教育品展览会等。四月四日至十六日，在东京先后参观、考察了大仓商业学校、日本银行地库、印刷局、高等商业学校、王子印刷局、女子高等师范学校、东京府立师范学校、商船学校、横滨中华会馆、成城学校。四月十九日至五月初，参观了东山本矿、印刷局、炮兵工厂、大坂麦酒会社、大坂商品陈列所、大仓制革所、三池煤厂等。“凡东西京大校名厂，及数百里外之炭坑铁冶，无不躬历而目验之。于工商竞争关系，于国家盛衰之故，尤兢兢焉。”（傅增湘《序》）周学熙每到一处，都特别注意当地经营状况，从外在的街市布局到内在的利润收益，无不纳入观察之中；各国商人的竞争状况，更是关注的焦点。如路过朝鲜仁川，就注意到在当时务商的日人多于华人，而华人资本较厚；在釜山，注意到日商及作铁路工逾百万，而华商不满百。对各地风俗也细心观察，如朝鲜女子的装束，以及男惰女勤的风气。这样的记载，就是一船读者读起来都饶有兴趣。在参观考察过程中，周学熙也在不断反思日强中弱的原因之所在，并探索中国富强的途径。如四月二十九日，往大坂商品陈列所晤事务长，了解大坂府工业概况，感慨："今日本通国无一人不需洋货，而无一洋货非出自本国仿造者，此所以区区小国能自立于列强商战之世也。"而日本制造业中广泛运用机械也给周学熙留下了很深的印象，"见其百端制造，无往不用机器，其造机器之厂亦随地皆是，故人人易购，人人易习。虽匹夫匹妇之工作，亦半资手工，半借机力"。类似的议论尚有很多。周学熙此次东游还有一个任务，就是为兴办实业购买机器等物。他因此受到了日本商界的欢迎。日记中多处记载日本商人向他推销产品，极为客气。如四月二十七日，在堺市，酒业、酱业、刀物业各巨商人公宴其于茅海楼，"各以其精制品少许见赠"。四月二十八日，三井御幡雅文偕作山专吉来呈造币机价单。这类记载对于了解清末新政时期的中日贸易也极为难得。对于清末游历日本的中国官绅而言，东游日本不是一般意义上的观光，更重要的是通过躬历目验，来把握日本维新事业突飞猛进的奥秘之所在，并为中国的新政提供借鉴。对于身负袁世凯"札委"重任的周学熙等人，就更是如此。通过这番考察，周学熙注意到："日本维新，最注意者，练兵、兴学、制造三事。

其练兵事专恃国家之力，固无论已。而学校、工场，由于民间之自谋者居多，十数年间，顿增十倍不止，其进步之速，为古今中外所罕见。现全国男女几无人不学，其日用所需洋货几无一非本国所仿造，近且贩运欧美以争利权。”（《跋》）相比之下，“今日中国兴学校、废科举、倡工艺、予专利，既屡奉明诏，不为不切。然而学堂则捐款难，工场则集股难”，其原因何在？是因为风气未开。周学熙认为，“明治以前其民情之顽固有甚于中国，而何以一旦翻然能使庸夫俗子心志如此之灵敏？盖所以开通风气者，必有要领。其铁路、轮船、电报、得律风之数者之足以大启民智欤！”周学熙最终得出一个结论，即工商兴国。归国后，周学熙整理在日见闻，予以刊行。前有江安傅增湘序，其言曰：“日本，我同洲邻国也。其种同，其文同，其变法之时代亦无不同。曾未数岁，而翘然自表，为亚洲先进国。是何兴之勃也！抑所改革而振奋者，固与吾异趋耶？吾国言富强旧矣！前十年喜言兵，近十年喜言学，举倾国之财以驰骛于东西人之议论，效未见而力已疲，是求富强而适得贫弱也。嗟夫！商业之不讲，工艺之不兴，利权失，漏卮巨，地产坐弃，游闲滋多，其求富强而得贫弱也，固宜。”言外之意，仅言兵、言学而不兴商业工艺，是中国求富强而越弱的根源之所在。对于周学熙所说的“日本之兴，在于工商”极表赞同，以为“盖深见夫彼国维新以来，骎骎焉进富强之域，实以是为本谋。

而吾国拥广土众民，而日患贫弱者，不可不取鉴于此也”，誉其为“善觇人国”。这类言辞也代表了清末实业救国派的思想主张，反映了国人对于如何走向世界的探索。此次整理以光绪二十九年（1903）初刻本为底本。

沈翊清东游日记□

光绪二十五年（1899）

九月初三日　　自上海出发

九月初五日　　抵日本长崎

九月初十日　　抵日本东京

十一月十一日　　返抵上海

□ 据光绪庚子（1900）福州本整理

□ 朱发建校点

谢赌棋师赐札

丹曾世讲吾贤足下：读大著《东游日记》，殊觉欣惬。近来诸君所作纪程，仆颇见多种，大抵铺张应酬，缀以篇什，犹是前人《入蜀记》《吴船录》承平行役之故步，于实事求是之学，无当也，殆买菜求益者乎？足下笔墨明洁，自不待言。且此行为阅操耳，于兵制尤宜详悉，可谓语不离宗。学制为兵制之源，亦复采摭无遗。此作可刻可传，非阿好也。仆于书中所载有感而增重者，则黎莼斋星使也。莼斋在东之日，正西学得气之时，而乃能倡率领事使孔子庙归于我，而其所刻《古逸丛书》，皆赵宋以前专家绝学，板宽字大胜于岳本。仆九世族祖在杭方伯所著《五杂俎》及《文海披沙》，明代日本皆有翻刻，觉人曾购以寄赠，其刻潦草，且旁系以日本字，虽其意珍重流传，而实不知所以珍重也。若莼斋则不知费几许心，花几许金钱矣。遵义自莫犹人提倡汉字，而诸子朋徒争自洗

学制为兵制之源

濯，日进于古。莼斋闻风而起，胸有定识，其行为乃能若此，可敬也！东国学规分时、分班、分年岁诸法，此亦古道如此，但中国妄用虚费，恐未必有此财力。时事不知所届，人才见异思迁，日见委靡，然不可谓无人才也。否极乃泰，有志者贵有定力耳。君命仆作序，但仆拘方之内，不足言方外之得失。或刻时即以此信附卷，何如？友生谢章铤拜手。

孙诒让叙

光绪己亥秋，日本大治兵于其国之枥木，欧美各国观战者四集。而闽沈丹曾观察以蜀帅奎公檄往，四阅月始归，记其所见，为书一卷。于兵事外，旁及工艺商务，而于学校尤详。（于兵事外旁及工商尤详学校）盖观察以乔木世臣，负经世之学，故此行于审敌自镜之道，尤所致意。而以兴学与治兵理相通贯，则其义尤闳深，非一曲之士之所能识也。（诒让）不习兵事，而少治《周官》经，尝谓周之六军，出于六乡七万五千家，远郊之内，地不逾四同，而立乡学六、州学三十、党学百有五十，国学、郊学尚不与焉。其学制之详如是，斯非学校与军制相辅之义证乎？孔子曰："以不教民战，是谓弃之。"教之云者，谓纳之庠序，而以德行道艺督课之，非第习击刺进退已也。百年以来，西国骤强，日本亦奋于东，其学堂之盛与兵力之强适相应。而吾国以不识字之将，率顽犷窳拙之卒以应之，宜其不相当也。自甲

学校治军本自周礼

午款议成后，深识之士始知兴学为自强之基。中外学堂林立，而论者不察，犹或斥为西法新法，不知以学校治军本《周礼》，乃中国二千年前之古法也。余读观察此书，既终卷，辄揭其微恉，而摭周官学制、军制以证明之，冀为讨论国闻者之助，岂徒侈游观之奇哉！庚子五月，世愚弟孙诒让谨叙。

戴鸿慈序

圣清德威翔洽，垂二百馀载。侏离卉服，梯航鳞萃，轺车使者，遐骛乎方外。凡夫国是朝章，物产风俗，靡弗周谘闳览，考核同异，以及游历之员弁，学习之生徒，以时遄往，将以集众长资多识，审沿革递嬗之故，明盛衰倚伏之幾，固非徒探奥殚纮炫奇沈墨已也。日本为古隅夷域，大小岛屿，星罗棋布，雄峙东海之中。其初，制沿周汉，文同斯邈，士女秀异，颇类中土，盖陬区而擅灵气之钟焉。自权臣奸命，祸患迭更，法制纠纷，莫可纪极。爰乃废上将军耑握朝柄，百度修举扫除而更张，虽改朔易服，不免忘祖之讥。而踵武泰西，实事求是，富强之效，骎骎与诸大国相抗衡，未尝不叹其奋发为雄而变通，鼓舞之机如是其神且速也。己亥之秋，沈观察丹曾偕丁雁廷诸君子简书东渡，洪涛骇浪相与同舟，入其境而问俗，驰驱晨夕，阅时两月馀而返，经历所及，笔诸记载。其从事

轺车使者遐骛方外

鼓舞之机其神且速

军制特详

也，以阅秋操，故于军制特详。至语其制造，则日新月异，有抽妍骋秘之观。验其学校，则别类分门，有极深研幾之致。若夫药石之辨证，聋瞽之振育，禽鱼之潜跃，草木之蕃芜，亦皆殚洽见闻纷罗骈坒。洵乾坤之秘籥，瞰溘之巨观也。曩读徐氏《瀛环志略》，四域之外，罔不穷究。窃怪于东瀛同洲之国，仅述元明用兵始末，典章人物语焉不详。魏氏《海国图志》加翔实矣，或疑惝恍不可尽信。惟近人嘉应黄氏《日本国志》，括三岛之要，成一家之言，而简帙颇繁，未易卒读。是编词质而不芜，事近而弥碻，条分缕晰，开卷了然。古云：百闻不如一见。韪哉！夫道亘古而不易，法与时为变通，宰世者惟师其实而不徒慕其名，探其本而不必齐其末，则是编其亦南针之指也夫。光绪庚子夏六月，闽学使者通家愚弟戴鸿慈拜手谨序。

日本国志
未易卒读

25,6,2

沈翊清东游日记

光绪二十五年六月初二日　奉奎督宪五月二十九日电"船政局沈道台丹曾，本年日本秋操，川省允派文武二员前往阅看，武派丁提督鸿臣，文官借重长才。七月，由沪径往，盘费由川筹汇闽，惟兄有船政局差，如能抽身，即电复，以便寄札"等因。随禀许督宪，复奎帅，遵电前往。 获派前往日本阅操

十二日　奉到许督宪饬知六月初八日准四川督部堂奎帅电开日本请派员赴彼国阅视兵操学制，拟委沈道翊清、丁提督鸿臣七月前往，沈道现在船厂，除咨札并备文，咨照转饬外，合先电达等因。

七月二十五日　奉奎帅札委文。

八月初一日　奉奎帅札准总署复文。

初五日　复奉许督宪札："现船政学堂内，已遴选学生六人赴东游学，并筹拨经费支领矣。应由该道顺差随带出洋，俾沿途照料一切，该道即便遵照办理等因。" 学生六人随带出洋

十五日　卸船政提调，得爱苍家叔电，知雁廷军门已来沪。

十六日　雁廷军门来电，知偕日本陆军大尉井户川辰三初八抵沪，井户川订十九行。以学生款未领，电请展缓一礼拜。

二十二日　禀辞许帅，赴马江。是日，法监督杜业尔、魏季渚观察均治饯。晚，上海琛船。

二十三日　午，开船。风大，是晚停轮，十二点复开。计同行者：福建阅操官崔祥奎，又守备官四人、文案一人、阅炮台官、法文翻译张启正、英文翻译贾凝禧、东文翻译大田原总；次随员林黻贞，英文留学生王麒、张哲培、华承德、许崇仪、许崇智、冯耿光，东文自备资斧留学生林棨、刘崇杰、弟永清、儿觐平，仆从、剃发匠，共二十五人。赴沪。

随员情况

二十五日　午，海琛抵沪，往长发栈，拜丁雁廷军门，拜日本署领事松村贞松，翻译为船津辰一郎。雁廷交来王方伯文一，并协同信汇票银贰千两。因联辔拜井户川，商明日西京丸船行止，并拜协同信（在后马路）掌柜赵君。是夕，前闽报馆井手三郎、大东公司石山岩、正金银行成田练之助等治饯。因薄暮行李未安置，诸事棼如，且兑换银票亦虞舛错，遂决请雁廷并井户川先行，己留为学生整装，与仁平结伴，九月初三期山城丸同行。同人住永安街万安楼。

拜丁鸿臣（字雁廷）

二十六日　九点钟，赴虹口西京丸船，为雁廷、井户

25,8,26

川送行，雁廷约于神户或横滨相候。是午，顺泰洋行吉田顺藏治饯。 丁鸿臣先期赴日

二十七日　拜井手三郎并正金银行、大东公司、顺泰煤行诸君子。

二十九日　泰来洋行裴乃格来拜。

九月初一日　驻沪日领事小田切乘山城丸到，因往拜之。

初二日　十二叔父自金陵来。

初三日　十一点上山城丸船，日官商在沪者，自领事以下均来送。十二点展轮。 由沪出发

初四日　船行甚稳。

初五日　早五点钟至长崎。候验疫官来，进口。七点钟，同崔子良上岸，拜理事张太守子豫（广东人）、前代理事蔡大令咏南（江西人）、翻译唐君（粤人），因托电致东京李星使并丁军门。仁平招到宪兵屯所，晤屯所长立川吉太郎、安岛政位大尉。是日，崎市赛会，各户悬旗张灯。游公园，至诹访社、松森神社、天满宫。饮富贵楼，脱屦，客皆坐席，献酒菜者跪而进。又到警部张所观剧，晤部长山田知秀兵。不热食，以棕叶裹饭置诸怀袖，如行军状。安岛复引至港务局长河村宏贞家，观庙会。途中遇乡人，以福清县为多。有怡德栈叶鹤皋引观八闽会馆及孔子庙。庙本属日国，当西学昌盛时，有议毁孔庙之举，星使遵义黎君莼斋与领事张子豫倡议，令商人醵资归诸我。 抵长崎拜会诸人

初六日　五点钟到马关。马关海面较宽于长崎，惜泊

到马关未及上岸

舟止四点钟，未及上岸。门司煤商千住喜作来见，吉田顺藏弟也。门司与马关对岸，岸上有塞门德土厂炮台二座，藏万松密处，港内鱼雷船四艘。计自上海至长崎行四百八十英里，长崎至马关一百五十英里，均外海；马关至神户二百四十英里，行内海；神户至横滨三百六十英里，亦外海，共一千二百三十英里。午读《战术学》，南洋公学译书处、步兵大尉稻村新六译送也。稻村住上海西华德路隆庆里。

到神户

初七日　七点半钟到神户，理事官欧阳中翰述字笠斋遣人来迎，以得东京电知之。并闻铃川铁道坏，丁军门、井户川住静冈。静冈离横滨百馀里，仁平约游楠公山。楠公名正成，元明之际与足利战于凑川殁，以义烈称，明治初修葺祠墓。过中华会馆，为李伯行星使修建，屋宇宏敞。路经凑川，水微涸，川南为神户，川北则兵库县也。笠斋招饮于气象万千楼，伊籐侯书额，观矿泉前田又吉造有铜像，登诹，访山稻荷神社。晚，同崔子良并翻译官李仪亭名凤来步归，与子良回船睡。

中华会馆李伯行建

初八早　笠斋、仪亭来候。十点开船，阅井户川自静冈与仁平书。有原田正作者，海军中尉，在龙田兵舰，福州旧友也，因铁道坏，亦附山城丸行。

徐福墓

初九日　舟过伊豆江，望熊野山，闻徐福墓在焉。十点，见利岛东有富士山，高一万二千五百丈，盛夏犹雨雪，西为大岛，即火焰山，常地震。三点到横滨，海口约宽中里九里，铲平两岛为炮台，港面之窄如闽江，南北龟

到横滨

25,9,9

形。又于口外作船澳，虽澳外风浪极大而澳内平稳如故，叠石灌以洋灰，所费不赀。上岸已五点钟，理事邹小春大令遣翻译官朱伯玉来迎，参谋部福岛大佐亦派田中大尉来迎。是晚，宿山崎屋旅馆。

初十　九点钟，由横滨登汽车来东京，计英里十八嗹。十点钟到，福岛安正及少佐宇都宫太郎、井户川迎于车栈，丁军门亦持柬至，遂偕丁军门、崔州牧谒李木斋星使。李使留学生住使馆，崔赁住刘子贞太守旧屋，余与雁廷住厚生馆，在东京新桥区木挽町五百二十五番地。参谋部派陆军属末吉保马，外务省派小林光太郎在馆招呼，意殊可感。

抵东京

参外两部派人招呼

十一日　曜日。自上海开船日起均晴，今日始雨。闻东人言，东国雨水多，数日必一雨。松本菊熊及原田来见，松本，末吉友也，原田，井户川友也，均操华语。午，福岛安正过候，言自俄国新回，知西伯利亚铁路三年将成。并云：我两国为同文同洲之国，辅车相依，务须及早整顿；我国三十年前本为西人蔑视，维新以来逐渐改革，足下与丁军门晤及外务、参谋、陆军三大臣后，按日阅观学堂、兵制，便知其详，如有采择，尽可归报督帅，倘须敝国帮忙之处，无不相助为理也。参赞官黎觉人孝廉亦来答拜。

日人来访均操华语

十二日（西历十月十六）　晨雨，旋晴。拜参谋部，晤部长大生定孝大佐。福岛安正同大将太山岩，因本日有会议事，故与内阁总理大臣山县有朋、陆军大臣桂太郎、外务大臣青木周藏均未在署，各投刺而已。顺晤炮兵少佐柴五郎、外务省政务局长内田康哉。陆军士官学兼高等师范学讲师川岛从速来拜，前文部大臣榎本武扬电话来询，择日晤谭，井户川代答，以连日须阅视学堂，再订日期，敬图良晤。

拜参谋部

闻外务省政务局长内田康哉言：日廷已派西德二郎使华，前任俄使及外务大臣，于俄国情形极为熟悉，此次派来中国，殆因目下日俄情形以西伯利亚铁路为关键也。

十三日　贵族院议员宫岛诚一郎遣其子宫岛大八来。诚一郎为东国古文家，与前使者黎莼斋善。大八学于武昌张联蘅先生，现设立善邻书院。李木斋星使、湖北监督学生委员陈省三（昌基）、姚孝敷（煜）、陆军少佐齐籐力三郎并来候。十点钟，过参谋大佐大生定孝及陆军中将大迫尚敏家。大生、大迫，人甚勤恳，无非劝中国练陆军、开学校之意。下午二点钟，松本菊熊邀观博物馆。博物馆在上野。御舆、御床、衣服裙裤、器皿、刀矛、弓剑、书画悉备，皆古物。下有鳞介鸟兽之属，以及各国风俗所用常器。同行者贾紫庭、张明甫，曾到英法各国，谓西国较有大观也。四点钟散。

劝中国练陆军开学校

是日，为籐寅松阴忌日。松阴先生于幕府未归政以前，愤英、法、荷、米各国要求，与涩木生谋驾夷船航海外察形势，事觉见捕，著《幽囚录》《照颜录》，此变法之始也，国人哀之，故忌日祭于神社。门下前农商务大臣品川弥一郎，年六十，为言其故事并以遗书寄赠。

籐寅松阴

25,9,14

参观陆军成城学校

十四日　观陆军成城学校。取众志成城之义，为公立学堂。明治十八年创，系士官学校预科，日高籐吉郎力居多，初由水师官襄助，日皇见其善，发帑给之。现学生一千馀人，华生四十九人（浙三、鄂二十、苏十四、北洋八、鄂体操又四人）。近因陆军多需兵弁官，官学不足，取诸成城。凡立学堂八：一英文、二算法几何、三博物（植物学）、四理法（化学）、五地舆（万国志）、六代数、七化学实验（即手做）、八日文。并学用机械库矿质、电学、格致、虫兽骨螺蚌、人身筋骨头脑，无不赅备。又操演洋枪，又寄宿舍，又体操场（练力跳架翻杠木马）。华人到此九个月者，听师长教授已能答问自如。其堂中每日起居章程列左：

华人到此九月者已答问自如

起床（五点）、朝食（六点）、诊察有病否（六点三十分）、自习（七点至八点）、中食（十一点五十分）、入浴（午后一点至七点）、夕食（四点三十分）、散步（自夕食后至六点三十分）、自习（自六点三十分至七点三十分）、就寝（八点三十分）、消灯（九点）。

附成城学校课程表

学校课程

礼拜一

班数	七点	八点	九点	十点	十一点	十一点半	一点二点
一班		历史	平面几何	日文	物理	教范	体操
二班	教范	日语	图	日文	化学		体操

三班	教范	代数	日语	图	地理	日文	体操
四班	教范	日语	图	平面几何	化学	日文	体操

礼拜二

班数	七点	八点	九点	十点	十一点	十一点半	一点二点
一班		平三角	生理	日语	代数	教范	体操
二班	教范	地理	日语	代数	日文		体操
三班	教范	化学	平面几何	日语	地理	日文	体操
四班	教范	地理	代数	日语	日文		体操

礼拜三

班数	七点	八点	九点	十点	十一点	十一点半	一点二点
一班	教范		日语	平面几何	物理	平三角	体操
二班	教范	地理	平面几何	化学	代数	日文	体操
三班	教范	日语	代数	日文	化学		体操
四班	教范	地理	日语	化学	日文	代数	体操

礼拜四

班数	七点	八点	九点	十点	十一点	十一点半	一点二点

25,9,14

一班		画学	代数	日文	平面几何	教范	体操
二班	教范	日语	画学	代数	日文		体操
三班	教范	日语	地理	平面几何	日文	画学	体操
四班	教范	日语	画学	日文	代数	平面几何	体操

礼拜五

班数	七点	八点	九点	十点	十一点	十一点半	一点二点
一班	教范	历史	平三角	生理	物理	日语	体操
二班	教范	地理	日语	日文	化学	平面几何	体操
三班	教范	代数	日语	日文		地理	体操
四班	教范	地理	代数	日语	化学	日文	体操

礼拜六

班数	七点	八点	九点	十点	十一点	十一点半	一点二点
一班		代数	物理	日文	历史		体操
二班	教范	地理	日语	代数	日文		体操
三班	教范	日文	平面几何	化学	代数		体操

四班	教范	地理	日语	平面 几何	日文		体操

日本官员前来拜访

是日，参谋部元帅总长侯爵大山岩、外务大臣青木周藏、陆军中将男爵大迫尚敏、全权公使外务政务总长内田康哉、步兵大佐大生定孝均来拜。

日本报馆论外国办事专说权力之所至，日本勤恳请中国阅操、视学及派学生肄业者，冀敦友朋师弟之情，于两国有所禆益。

日本两党

执政自自由党板垣退沮罢后，进步党大限重信用事，改宪政党，名号虽异，冰炭如故。中因某职告退，应用自由党，大限易以宪政党，自由党攻之，遂辞职。继之者山县有朋，则介两党之间者也，然意实右自由党。现请用自由党数人，明治帝尚未允。伊籐侯品望最高，备朝廷顾问，虽不与党列，其女婿在自由党，意或有所专注。

日本目下无教案

日本始恶天主教，目下所以无教案者，以西人至此传教无异服之讥，乡曲小民不为骇愕，又办外交事极快。国家根本，全在吏治修明，而后再讲交涉。凡办民教不和之案，当讯鞫时，不妨坐教士于讼堂之后，以听我公道与否。渠纵有意见，退后许向我办驳数语，问时不能参末议，此西例以吏治为外交之本也。（青木大臣颇为议院政府所言，谓办外交事大弱，故厦门事最认真。）木斋星使云："不特陆军学生宜来肄业，如办交涉，亦当派牧令到此游历，便通中外之情。"日本近征税每年二万五千万元，较中国几倍之。

25,9,15

幼年学校士官预科

十五日 视地方幼年学校，士官学校之预科也。创于明治八年，官立、非公立，凡学徒百五十馀人，童子六岁入幼稚园，十三至十六岁入地方幼年学校，十七至二十入中央幼年学校。学生均武员子弟，衣膳官给，年需费三万元。学堂分伦理、国文、算学、汉文、几何数学、植物、佛兰西、德意志、俄罗斯各国语。校长关谷铭二郎少佐赠训育部《生徒须知》、《地方幼年学校教则》、《生徒心得》各书，所载綦详。学堂之外，所历卧室、食堂、庖厨、自习室，均规模宏敞。（东京之外，大阪、熊本、仙台、名古屋、广岛各设一学。）

中央幼年学校课程

视中央幼年学校，亦士官学校之预科。学生在地方学校者二年，在中央学校者三年。共三百馀人，分六班。在学二年者，法德语诵读方会话，算学习几何代数，东文读本邦史，绘图、伦理。在学三年者，本邦文读国文法，算学习三角，汉文习古文，德语法语习译解，文法习作文，矿物习化学，兼习西洋史，馀同第二学年。每日授课自习八点钟，所阅各学堂，讲习绘画（画山水、杂景）、物理化学（燃轻气法）、中国舆地（论明初治乱，明初封建，有图）、官制（六部、则例）、重学（各国量衡比较）、日历史。及马厩有马百二十八匹（马何邑何名及仆夫名画其上），另调病马所、刮马毛所、化学试验所、理化学器械室（矿质、地球仪器、格致器具、行电器具、化学天秤），分设房屋，安置各种，爽若列眉。又跑马场、剑术场、操场（洋枪、步法），体操（翻杠、登台、跳竿、木马、缒索、跳跃)。所用洋枪，系明治二十八年自造哈乞开司式，重十启罗。该学校屋宇甚多，明治帝每年驾临一次，中设便殿，有院，长约二千三百五十丈、阔约千五百丈。校长伊崎良熙送日课表一。

启罗(千克)

以上两日，参谋本部均备午饭，并马车来迎，拟力辞之。三点回，拜陆军中将寺田正毅未遇，又拜东京教育监部诸君。

户山学校

十六日　雨，视户山学校。取既作士官后之武人，习战术、演枪剑术、体操各学。每联队派官一员，计五十员，学战术。每旅团派官一员，计二十五员，学演枪。每师团派官一员，计十三员，学剑术体操。而剑术体操又另派下士官八十人，统共一百六十八员、更有教导队，由全国团队中挑出品学兼优者，学成为全国各团之师范。每年经费十万。其教习各官等薪俸，仍由各团拨给，故无多费。每年大操两次，五个月一调换，洋枪用本国自制，名为明治三十年式（如德国小口毛瑟)。并考究外国枪学。本年四月，湖北派武官四员附焉。余先看中国四员体操，次日本下士官体操，演枪分一小队、一中队、一联队式，均步伐整齐。次看军乐队，九排共四十八人，奏乐一阕，作进兵曲（军乐队为全国军乐之根本各军司乐者皆由此出)。乐器（大鼓一、中鼓一、铜器一、作曲长形未详何名、铜号二、铜笳、铜笛）奏时，每人夹谱一纸（西字）于乐器上，队长二人，一旁立，一执短图，用小木棍导乐之节奏。次看剑术、射击术，另用木制如椭圆形为击刺。

先看体操次看军乐

25,9,16

次西洋剑术，每术演两次，先理法，后攻击，装二人作对敌状，戴以铁帽，胸前围竹甲，或帆布裹棉者以卫身，手穿皮套，互有胜负，校长发令则止。（户山学校之设，大旨欲全国武员知新法、弃旧法，有志者则令游习泰西。）

校长步兵大佐依田广太郎、少佐杉村愿简豬狩哲夫、中佐山田忠三郎、一等军乐长古矢宏政，款待甚好。

是日，内阁总理大臣元帅侯爵山县有朋，介小林光太郎来答拜。

十七日　视军医学校，各师队军医皆由此出。在大学校或专门高等学校，先学五年，在此只四阅月，高等者七阅月。现由大学校派来者三十馀人，高等学校送来者二十馀人。校长一等军医正医学博士谷口谦、三等医博士芳贺荣次郎、一等医学士牧山建吉引，先观图书库，计标目凡十三（一书器、一条例、一字书、一医报、一病理、一内科、一外科、一内国杂志、一卫生、一历文统计、一产妇皮裁医、一眼科、一喉科耳科鼻科附焉）。又年览理（化药剂中毒及细菌传染病），又解剖生理。 军医学校

次讲堂，以玻璃匣贮人身头、腰、腿、背、脊、被枪伤各骨，验火器之利钝与伤之轻重。

次卫生学业室，以蒸馏水验土（验土质多少），以煤气火炼土（炼去其坏质存其善质），为行军取水免遭毒物之用。

次校长室，内有携粮审查器具（验行军粮食有无毒物之药），又平时病人卧床（西人卧床式），又战时病人

运搬具（外铁中箝帆布配铁练坿火车行甚便），又野战器具箱（大铁方柜随军医士驮马背行），又随军粮食样（牛肉豆面等细研成粉），又伤馀残骨，又假制全人形体，又医愈名人小影，又行军各种用科用器，又竹制广岛病院式、验疫院式。

次镜室，极大显微镜一具，视物可较目力七百倍。

次秤室，量药秤六具，极准，一洋购，五自制。

次细菌学业室，玻璃管内贮瘟虫所食药水，另造一玻璃柜，内气度与人身同，验以毒虫种于鼠身，鼠死剖视脏腑，求治法。

细菌学业室玻璃管内贮瘟虫

次教场，用显微镜多具，分验各种病虫，一黑死虫（即鼠瘟虫红色如花椒形），一痨瘵虫（红色如石块形）、一惊风病虫（黄色大如芝麻）、一痧虫（红色形如芝麻）、猪瘟虫（形如红血条）、伤寒虫（紫色形如小豆）、优昙花虫（小孩病虫蓝色两大块）。

次器械室（即西洋制曷克司电光器，能照人身筋骨者），暗室取兔一目，以电光验之。视毕，乞题名，并贻服务内规、医学一览、卫生学校科书、军医学校业府书四种。一点钟告别。

拜前农工商务大臣品川弥一郎及文部大臣桦山资纪，未遇。步兵大佐田村怡与造并福嶋来访，亦相左谒李使，交闽生经费日银千八百元。闻恽心耘观察以厦门租界事开缺。

十八日　曜日。同闲院宫亲王并王妃（日语迷也司

25,9,18

托搁鹿）往隅田川，观漕艇部会（即操舢舨），此亦成城学校校长所创，谓陆军既兴，不可不讲求海军也。晤海军大佐玉利亲贤、寺垣豬之、陆军一等监督平泽道次、步兵大尉大森狷之介、体育会临时扩张委员丸田近方。大久保田让亲王（为明治帝兄子）邀同影相。三点钟返。 陆军既兴讲求海军

十九日　乘火车到涩谷，观陆军骑兵实施学校。先晴后雨，步行四五里，泥滑殊苦。校长未在学，接待者骑兵少佐浅川敏靖、白石千代大郎。 涩谷骑兵实施学校

骑兵学校设于明治十九年，费年十万元，学徒八十馀人（内下士官二十馀人），皆学校毕业已授职者，十一个月完课。

一、演马园。学马队，第一队马八匹，第二队马十二匹，先联队作鱼贯行，并直斜方圆各阵，后分二队，演习如前。演毕复作跳墙跃篱各法。

学骑马，有马三匹。第一骑人登马背，马高低跳跃，人作前俯后仰式。第二骑人登马背，马打圜作各种驰跑式。第三骑人跃登马背，复跃下地，上下数次，又作左右侧骑各式。

二、马厩。有厩四座，只观一座，内有马十馀匹。马之高大分上、中、下三等，闻校内共马三百匹。

三、病马厩。病马医治之所，内有病者九匹。

四、草料所。存贮马粮刍茭，如麦稿、野草之类，草料经看验可食者入此。所附存截草机器。

五、谷豆所。存贮谷豆之处，内有布袋百馀，每袋约

盛谷一升，备马夜食。

六、驰马场。马队二十四，演习过夹道、跳短垣、跃藩篱、上坡下坡、过河各法。

七、电报室。学发电报，有发电机四具，恐行军时被敌损坏，故骑兵带电机，随安随发。

观兽医学校。

一、讲堂。纸马一匹，各部位均可分拆阅视，真马骨一匹、木马一匹。

二、讲堂。讲授骑马法，有骏马图八幅、马骨一匹，又分拆零碎者一匹。

三、展览所。有各种马鞍约三十具、镫六十馀具、蹄铁五十馀具、鞭二人、人骨一具、剪马毛快机一具，又中国并德、义二国木偶骑兵三人服式。

席间，副官出示中国北口马蹄铁一具，长约八寸、阔六寸，以其硕大无朋，故询问中国之马身高几何。中国马以西口为最高，日人勤于考究类此。兽医学校系附骑兵学校之内。

近卫师团

二十日　视近卫师团步兵第三联队。接待者步兵少佐志贺范之、步兵大尉深堀顺藏，又大佐吉田精一、井户川师也。

每年一联队杂用共三万馀元，各兵零用每人一年九十元，每年一兵制军衣三件，并日食，均国家另筹。兵额据称三千馀人。按黄氏遵宪《日本国志》每中队上等卒九人，一等卒三十六人，二等卒一百十五人，共一百六十

25,9,20

人；四中队为一大队，共六百四十人；三大队为一联队，共一千九百二十人。战时加增无定额。今阅该联队确系三大队，每大队确系四中队，而兵数骤增，想今昔章程不同耳。

一、联队军务处。掌文案之室。

二、各队给养房。即兵丁住房，在第三层楼，房内每房宿十六人，卧床一小木架仅容被褥，每兵之物，分官私安置井然。

三、置枪所。枪分二种，一连发枪，明治十年制旧式，一明治三十年制新式，新式较快。

四、各队给银班（即支应处）。

五、厨房。每一大队一庖厨，各兵轮日煮饭，无伙夫。

六、战用炊具库。一中队六锅六灶，灶用铁板五片，临用时镶配。上半层贮饭锅，下半层贮热汤，初次煮饭只需十几分钟，常炊更速。 战用炊具

七、战用粮秣库。用铅铁罐贮各食物。

八、缝工场。制军衣之工兵每日造作，内有拉线机器。

九、靴工场。制战靴所，内有机器三副。

十、铳工场。修理坏铳，所内有砖砌火炉一座。

十一、造铜帽工场。制操时所用之铜帽露处，以防火也。

十二、各队被服仓库。

十三、各队兵器库（即火药库）。

十四、酒保。凡队兵应用茶酒食物各种，由长官派员统购诸市，而零卖于兵，若贸易焉。所得赢余以充公费，惟各兵每日买物有限制章程，不得任意。

十五、下士集会所。为下士官宴谈之地，如中国官厅。

阵式操演

操时，四小队阵中央，四小队阵左方。每小队六十四人，一人执剑三掌号总队长，一人司令。先演反正阵法，次追马队，次避炮兵，次连环枪，次弹竭退兵各阵式。又观枪刀队，十二人对敌式，士官十二人体操式，小队远行唱军歌忘乏式，全队军号手四十八人合吹式。凡军号：一催，全军早起，二点名，三煮饭，四令有病者就医（有谱一本，内列接各将官曲谱，不及尽演）。打靶式（在二十步内子用铜帽兵三人，一跪、一立、一卧，皆能命中。武官挨次自演，不及其兵）。饭后，作闻警全军尽出操法，不先知会，计三十分钟间两大队已能整齐。（又一大队是日出外操演）队长二人骑马，小队长八人执剑。操毕，司令官召其来前，若分别赏罚之式。另军医队八人，装一卒作受伤状，令其急治，如法而止。

又往观近卫师团骑兵联队，接待者骑兵大佐涩谷在明。

营房。（半系前二十馀年建筑，尚坚固。）

经费。（一马月费十元，共马四百匹。）

武官二十四人，兵四百名。（按黄氏志，骑兵以百二

25,9,20

十人为大队，三大队为一联队，只三百六十人。四百名想系续增。）

一、酒保。制同步兵而并卖杂物。先列物价于外，内设柜台，分入钱、出货两门，如中国质库焉。

二、士官会议所。内列高櫈，听讲兵法及忠义语，凡士官在队习练八年以外，方能调升。

三、马厩。共六所，每所畜马六十四匹。

四、养马所。剪毛、供料，皆兵为之，不另雇马夫。

五、装蹄场。制造马之蹄铁所，亦兵为之。

六、雨天调马所。上有台以看演习。

七、兵房二所，在楼上，每所房十间，住一百八十人。

八、缝工场（制同步队）。

九、靴工场（制同步队）。

阅新入之兵演习乘马诸技。马皆不设鞍镫。有跃坐马背者，有倒骑者，有侧卧者，有直立者。缰头一人拉定，地复布沙以壮胆，不受伤也。又于马道中设低闸约一尺高，士官驰马跃过，有一人跃者，有三五人同跃者，跃势不猛而整。 新兵演习乘马诸技

晚，东亚同文会干事田锅安之助来候。

二十一日　赴中野阅铁道大队。有工兵三中队，每队百二十人，二队学铁道，一队学电报，备战时铺设铁道运送军士粮械，并用电信传递军情。兵丁只学工作，盖工程队所用工馀，兼习枪法，非制造专门之学。创于明治三十 参观中野铁道大队

年，年费八万元。

一、电信队。三十人，各挂皮袋中贮零件，七人执电杆，五人肩电线，馀或执铁槌、或抬木桩以及梯铲椎剪之属。自营前起，每距十丈之远立一电杆，杆顶有铜叉口，电线即挂其上，随竖随挂，以时表计之，每点钟可竖四里馀，或云约日里一里，则合中里七里。兵官并什长即就地发电报、通电话。

一、铁道队。约七八十人，在道旁工作，有铺木座者，有安铁轨者，有以锤钉木板者，钉毕用单轮小车演习搬运，盖料件须先备齐，道路须先锄平，兵丁不过演习铺设而已。途中并看以炸药毁铁道各样。

是日，步行中里七里，乃乘火车回营，观电光灯、聚电机。吉见精大佐并邀看畜鸽舍。盖此营专为通军报而设也，其兵丁寝舍、缝靴、体操各场与第三联队同。

横滨中华会馆董事孔云生来拜。（浙之宁波人。）

参观近卫工兵大队

念二日　乘火车往赤羽，阅近卫工兵大队。前系中队，屯东京，明治二十五年改为大队，屯赤羽。全队兵四百八十人，武官二十人，分派大学校并炮工队各处学习，留营者少。队长中佐佐川耕作云，每年经费只操演一项约二千元，全队年六万元。兵士营中功课一年毕业，二年自习，凡有操演与临敌同。

一、无线电机。电机一座，有架，旁贮零件机器，大小两木箱。机内藏电光灯，旁置取太阳影镜，前圆镜吸取对面电光。用法：以机器两架隔百步外，以电光运电力由

25,9,22

此达彼，与电线异曲同工，机动斯回电至，惟须无物障隔。白昼用太阳代电，黑夜纯用火光。据云空地可达中里三十五里。按此机创自泰西。得十四叔父伦敦信，已集有公司将通行各国矣。

二、战具器具库。内贮斧凿铧锹叉棍各件，皆工兵临敌急需之物。有小钢锯，制最轻巧，中分数节，可开可合，以便携带，并有规矩各器，为测量所需者。

三、兵房。每房十间，每间五榻。

四、架桥器具材料库。内贮麻绳、帆布、桥板、桥梁扶栏等件。又有铁板拗曲凑成三块，为战时仓卒架桥未成造舟济人之具。每马一匹，行军时可驮三块，惜兵士赴操，初回乏甚，未及演观也。

五、山上空地营一座。濠垒坑堑，悉如中国战地营制，中挖地营并一蔽开花炮弹之障台。

回往上野，观动物园。在上野公园内，园中畜各种鸟兽。除常见外，有乳虎一、豹一、象一，果然浣熊、狼狈每种二三，大蛇一、鳄鱼二、瑇瑁一、白鹦鹉一、白鹤二、孔雀二、火鸡一，馀泰西所产者多标西名，未悉载。

念三日　到世田谷阅近卫野战炮兵联队，接待者联队长大佐限元政次。初屯东京，明治三十一年移此。始成三大队，分为九中队，又分为二十七小队，计野战炮兵二大队，过山炮兵一大队。共六十大炮，每小队二炮。选师团军士身量长大者充当炮兵，兵九百馀人，马三百七十馀匹。较场在营门前，周约四里馀，每年动费二十四万二

近卫野战炮兵联队

千元。

野战炮队　一、野战炮队。（只观一中队）有炮六尊，长五尺馀，口径七珊米（即德国所谓生的），明治十九年在大阪炮兵工厂造，每炮配药弹箱一个，马六匹，兵七名，哨官一员。炮与药弹箱各驾于二轮车上，六马在前挽行，兵卒四名乘车，三乘马，哨长另乘马一匹，演雁行鱼贯各阵。演毕，哨长与兵卒离车下马，将炮向前，马退后，分兵三名管马，四名管炮，听总带官口令，作放炮攻击式（空演未装药弹）。

过山炮队　二、过山炮队。有炮四尊，长约三尺半，口径七珊米，明治三十一年在大阪炮兵工厂造。每炮配马四匹，器具箱一，药弹箱二，兵卒十名，哨长一员。一马挽炮车居首，一马背器具箱居次，一马腰左右挂药弹箱居三，一马空行，兵卒步行。三人管炮，三人管车，二人管器具箱，二人管药弹箱。开炮时用四人，一兵望准头，一兵开炮门，一兵执药弹，一兵拉火绳，队长另乘马一匹。先演雁行鱼贯各阵，后停马作放炮攻击式。演毕，将炮与车分拆，一马背炮，一马背车，仍一马背药弹箱，一马背器具箱而撤队。先前一马空行者，所以备驮炮车用也。

三、药弹备用队。有药弹四车，马八匹。四马各驾二车，兵卒六名，四骑二步，哨长一员乘马，亦演雁行鱼贯阵。

大山总长　阅毕，顺途拜参谋部总长大山岩。大山总长云："汉唐以来，中国以汉文为日本开风气，兹日本所讲求各国武

25,9,24

备，如可采择，亦所以报中国也。”大山元帅魁梧奇伟，谈吐亦温雅。又拜伊濑少将，未遇。

念四日　阅横须贺船厂。庆应元年建，即同治四年也。厂大，面积五千八百三十六鸦敦二十四我五十八町七反四亩一步，内有厂十八，船坞三，左坞闸内法尺八十尺，合中国二十四丈；中坞法尺一百六十尺，合中国四十八丈；右坞法尺六十五尺，合中国一十九丈五尺。船台四，另雷艇台四，上砌石，下有砖洞。工匠三千八百人。现船台上造炮，船名千早，长八十法尺，合中国二十四丈，明年四月可下水。砖台上造鱼雷艇四艘。该厂总监工指引阅视各厂，如轮机厂、铸铁厂、锅炉厂、木模厂、打铁厂（大小各一）、砖厂、绘事院、医院等处，与闽厂略同。经费视制船大小、多寡分配，不能豫定。并往视各船，为日本之最大者。 参观横须贺船厂

一、富士军舰。系二等铁甲舰，明治三十一年由英国阿木士郎厂造，回长四百英尺，馘一万二千吨，机器马力二万匹，吃水二十六尺深，速率十八海里，甲厚十四寸。通船人数六百七十名，鱼雷艇二艘，小轮船二艘，舢板十二只，大炮四尊（前后各二安放圆铁台内，用人力水力电气汽力皆可旋转。每重四十九吨，口径十二寸，炮弹能及远七十里），中炮十尊（作边炮用，舱面左右各三尊，二层舱左右各二尊，口径六寸，又名快炮，每分钟可放五出），小快炮十八尊（作边炮用，前后望台左右各二尊，舱面左右各三尊，二层舱船头船尾各二尊，口径三寸，每 富士军舰英国制造

分钟可放二十响弹子，重二十磅）。船头水底鱼雷管二具，三层舱左右鱼雷管各二具，船外可张鱼雷网，前后桅盘上小机炮各二尊，口径四十七米厘。

浅间军舰

一、浅间军舰。系一等巡洋舰，明治二十九年由英国阿木士郎厂造，回长三百五十英尺，徵九千五百吨，马力一万二千四，吃水二十六尺四寸深，速率二十一海里，甲厚九寸，配人数六百名，鱼雷艇二艘，鱼雷网一具，小机船二艘，舢舨十只。

大炮四尊，前后铁台内各二，重十八吨，口径八寸，旋转与上同。（恐尺寸有错）

中快炮十尊，舱面左右各四尊，二层舱左右各三尊，口径六寸，馀与上同。

小快炮十尊，前望台四尊，后望台二尊，二层舱四尊，口径三寸，馀与上同。

小机炮十二尊，前后桅盘各二尊，舱面左右各四尊，口径四十七米厘，馀与上同。

鱼雷管配与富士同。

是日，接待者横须贺镇守府司令长官、海军中将相浦纪道、大佐鹿野勇之进、少佐大立龟吉、造船大监工山口辰弥，山口曾学于法国者。

念五日　曜日，既雨而晴，午后大雨，发雷，傍晚复晴。到横滨晤曾卓轩（益丰洋行）、郑晓初（正金银行）、孔云生（万泰钱庄），九点归东京。

炮兵工厂

念六日　阅炮兵工厂。庆应乙丑元年创，迩渐充拓，

25,9,26

每年需费八百万元。官长二十员，工匠六千人，每日出枪四百枝，每枝费约二十五元，非本国陆军所用则需三十元。厂地周围中里八里，内有后乐园，为武弁监工公退会议宴游之地，水户藩侯旧邸，有明人舜水朱之瑜题额。厂名炮工，实制手枪及应配各项家伙，闻大炮厂尚在大阪。

厂名炮工实制手枪

一、炮具场。储造枪杆之胡桃木及松炭熟煤。

二、枪身场。内统数厂，有造枪身木胚者，有将铁胚作成螺丝纹者，有专制小铜管者，有专制小螺丝者，有镶配枪身各零件、分别已成之枪式枪数者。其枪式长属步兵、短属马兵。

三、枪刀场。专制枪刀。

四、制器场。拉铁条打铁板以为枪之胚胎，机器大小均备。

五、铸铜厂。内列白铜、黄铜、电气铜、矾素、锡板五种，制出铜片，为弹子壳用。另有刨光机器。

六、火工场。制枪弹火药之所，有一种白药，即无烟药。

七、枪包制造所。

八、药荚所。二项共有数厂，皆制枪弹铜帽，有铅钢大小各式样，一厂制大铜帽式之弹，一厂制小铜帽式之弹，一厂制枪弹内之螺丝。有将小铜条拉成空心之机，有将空心铜条截成小铜帽式之机，盖填药用也。

九、填药工场，凡三厂。内有机器二具，上置火药，下置弹子，自能旋转填实（机内有电钟）。又有秤药机一具，秤弹机一具，弹与药分两不足者，该机自能剔出。一系将药弹装入木箱之机。

十、镜室。贮知远镜数副。

十一、射场。设三靶于千尺之地，中隔二圆洞砖门，三十年式枪成，逐日试之，且以演打靶优劣，有士官监视。

又学校两处，一教本厂艺徒，一住各团队派来艺徒，学造者成艺，仍拨回营，以备修枪之用。

又电气场。夜工时烛照填药，药弹厂不便留火也。此外有贮水大砖池一口，裹火药，系用女工，名曰纸函所，并锻工场、镟工场等处。

按枪厂、枪子厂，曾于上海龙华厂阅过。制枪弹机器较造船炮略细，自制炮杆起，迄填药演放止，易数十手而枪始成。此厂经费、工匠出枪数目，较沪厂为多。并闻年来兼作夜工，本日观者只三分之二，因局中总办某大佐有会议之事，未及陪待，邀观者系樱井少佐。闻日国于此事与船厂颇为秘密云。

东京卫戍病院

又往观东京卫戍病院。院设于明治六年，为近卫东京两师团内军士学生养病之所，每年经费十三万元，医士上下等共一百三十四名，病重者入院，轻者归各学校、营队军医自治，由院每日按查各处病人多少为表记之。院内分内、外两科，共有十三番病室。现病人在室者，每室不下数十人。馀有验虫剂药、手术等处，与军医学校略同。院中医官分三等，一诊病，一制药，一管事。

25,9,27

晚同文会置酒红叶馆，舞扇歌衫，皆西京人物。同席者，子爵长冈护美、男爵船越卫及末永纯一郎，又田边为三郎，顾问官陆军少将佐籐正失其一足，闻系甲午战事为吾炮伤，厂手岛知德、池边吉太郎、弓削田精一、中井喜太郎、吉田房二郎、岸田吟香、田锅安之助、宫岛大八、浪岛从速、中岛裁之均在焉。

念七日　（即日历十月三十一号）　阅青山练兵场，试演天长节日皇驾临观兵阵式，系近卫东京两师团合演。先排横队，环列场之四周，场中以绳画界为御跸驻所，一兵执枪植立其前，以象卤簿，远望旌旗肃然，铙吹渐动，司令官并各队长驰马而过，则法驾将临候也，须臾乐作，军乐队先至御前即屯对向。而后，各军队鱼贯徐行，先户山学校七排队，次近卫师团第一旅团第一联队，中第一二三四大队，每大队分八排，师团长及吹军号者在先，马七旗一，与旗同行者六人，此旗为临阵时志在必死，虽炮如雨下仍不能避，故日皇怜而敬之。旗过，日皇及百官皆为礼。次近卫师团第二旅团第（三二四）联队，次东京师团第（一二）旅团各三联队，因各有一联队在外，故未与。次工兵各一大队，次铁道各一大队，次山炮各一大队，野炮各二大队，马队各一联队，近卫执旗驻京师团背枪腰刀为别，又近卫师团辎重各一大队。各队兵官乘马至御前为礼，勒马肃行，俟本队行过始驰马而去。各队行过，仍屯原地，军乐队奏乐，送驾还宫。各队长立马中央，下马候监督部大将野津道贯处分，各执笔记载而散。

练兵场试演天长节日皇阅兵阵式

是日，日皇派宫内省文武官二员先来校阅，又有宫内省司马寮文服乘马者十馀人。营盘约中里六里，场外许民间纵观，惟不入界内而已。此举系第一师团长中将川村景明知会来阅。

赤十字社

午后，阅赤十字社。明治十年设，初名博爱院，二十年改今名，规模渐拓。内医员干事等共四十四人，病室分五等，外人入治者按等纳货，一等日需费四元五角，贫不计资者准以二十人为限。侍病者多妇人，服白衣冠，取洁净之意。该社为日皇后出资所建，虽两国交兵各为其主，彼此均可医治。所有社员给朝廷勋章，分三等，每员按年损银二十五员至三员不等，门口设柜，愿作善举者投钱，不拘数目。社内有标品室、器械室、外来人诊察室、妇科诊察室、眼科诊察室、手术室、会计室、看护妇室、医员室、病室，馀与各医院同。有断臂人就医者，视其治法，闻以生疽已脱三礼拜矣。

晚，践参谋部大山大将参谋会议所之约，盖陆军宴会地也。是夕雨。

念八日　与雁廷至使馆并候崔子良。终日雨。

农工商品陈列馆

念九日　视农工商品陈列馆。馆设于明治三十年，陈列本国并外国物产，如米谷、茶烟、绸缎、布毡、织绣、油画、皮革、羽毛、骨角、漆磁、草木竹纸、五金、珠石各品，并玩物、文具等类。楼大四楹、宽三座。馆长佐藤显理引视其售卖物品，皆有纸牌注明定价，可随意购买。若仅供观览者，则不注价。中国物产以丝、茶、磁、漆为

25,10,1

多，若英、德、法、俄、美、义诸国，则取其品物之新奇者。物品共分六部，第一部农产物，第二部林产物，第三部水产物，第四部矿产物，第五部工产物，第六部特许物（如新奇物品国家特许专利者）。其规模与博览会相似。是日，偕小林光太郎、井户川大尉同往。二点，拜第一师团长长谷川好道。

十月初一日　为日皇天长节。八点钟，至青山练兵场，少顷，日皇至，从车四乘，亲王与太子前导，从马前后不过十馀匹。日皇乘马车戾止，接见各国使臣及各大臣，即乘马拊循兵队一周，旋立马于场中，有石为志。各大臣立马于后，带队者至御前，执刀高至鼻端为礼。所操即念七日阵式。礼毕，日皇下马坐帐下，受群臣参谒，还宫。日皇相貌奇伟，顾盼不凡，乘马背微俯，闻年五十矣。晚赴外务大臣帝国旅馆之约，客千馀人，跳舞作乐，钟十一下，大餐饷客，酒肴山积，男女杂坐，席中遇高岛嘉右卫门，从四位松浦厚。高岛治《易经》，始铁车路，家有巨货，伊藤侯博文姻娅也。

天长节
日皇阅兵

初二日　天长节后三日，例不办事。

初三日　觉人楢原来谈。楢原十四启行，农商务大臣曾禄荒助、书记官美浓部俊吉、近卫师团参谋长炮兵大佐牟田敬九郎来拜。

大田原为言近卫师团第一旅团司令部副 官小松崎清职，此次派大操差事，可为我招呼，已说定，我们在近卫陪日皇阅操。此外，在第一师团操场，在栃木县及宇都宫等处，先期秘密，不敢预宣。

闽中刘、林二生，在牛込区山吹町二百九十一番地同文会学堂肄业，教习中西重太郎，大隈伯私立政治学校所出也。

日本常备兵除衣食国给外，零用月一元五角，预备兵一元，后备兵九角。

初四日　趋谢外务青木大臣，答拜楢原，均未遇。四点钟，招桥本齐太郎大尉、井户川、小林诸君，饮于偕乐园。桥本明日启棹赴闽。

观幼稚园

初五日　小林、井户川两君邀观幼稚园、寻常高等小学校、高等女学校、女子高等师范学校五处，实一处也。小林并示学校阶级图甚晰。

幼稚园，男女三岁以上、六岁以下，入学者每月束金一元，定额二百三十人。现男七十三人，女七十四人。功课为说话、行仪、手技、唱歌、游嬉。六岁以上，则入寻常小学校。

一、顺序运动会。结藤棚于旷地，蔽日光，引天气，围以布幛，画绳为界，四隅列小长机以坐群儿。一人鸣琴，二保姆导之行队，进退左右，居然应节，此息彼作，参伍错综，亦复不乱，尚有用手高下左右，各种游戏款式甚多。

一、常习室三所。几案皆小，方坐，联坐，重叠坐，皆导之整齐。室悬木板，画开方、三角浅近算式，置各种玩物，剪纸、编竹、积木、黏土，皆功课也。日设动物形

25,10,5

一种于案上，呼名诏之。

一、贮物室。多小儿玩器之新奇有意想者。

一、游嬉室。备雨天运动之地。

（寻常高等）小学校。内分三部，第一部为女子，第二、三部为男子。寻常功课分修身、读书、作文、习字、算术、手工、图画、裁缝、唱歌、体操，四年毕业。高等功课加增地理、历史、理科三项，二年毕业。学额五百人，现男一百十一人，女三百八十人，每月束金二元。又补习二年，为女子高等学校，预科，每月束金自一元半至二元，学额三百人，现已逾额，补习者四十七人。 小学校各种功课

一、教礼节室。

二、教烹饪室。

三、教裁缝室。

四、教体操室。转动手足进退有节，口号亦如兵操。

以上三处，附属于女子高等师范学校。

女子高等师范学校，明治七年创，今需经费每年七八万元。校长、教习、男女职员八十馀人，学额生徒三百人，现只一百九十九人。分文科、理科、技艺科，功课为伦理、教育、国语、汉文、外国语、历史、地理、物理、数学、化学、博物、家事、体操、习字、图画、音乐。肄业生徒由高等女学校已毕业者选充，或地方官荐举，每月给薪五元，每年给衣服价十二元，年限未满退学者缴还学资。毕业之后，给予校长印据执照，备充各处女学校并本学校教习、保姆之用。现因各处教习尚少，复选举资品较 女子高等师范学校各种功课

佳者，习各专门师范之学，曰专修科。间有自备资斧者，曰私费专修科。有以所学未精、毕业后再留研究者，曰研究科。其有志著述、训蒙教授各书、再留肄业者，曰撰科。年限皆在二年以上、四年以下。

各种专科

一、自习室。（大厅可坐数十人）

二、卧室。（五床一室）

三、浴室。

四、饭厅。（洋琴一张，将饭奏乐）

各种室舍

五、图书纵览室。贮汉文、东文和文书数十柜，标品分目。教习、生徒随意就阅，借观取检者，定有章程，污坏令偿。

六、卫生学教室。

七、格物教室。

八、博物教室。教人体生理学，考究动物学。本日功课为绘水族形体。

九、习字教室。草书。

十、图画教室。设色。

十一、文科第二年学室。读朱子小学。

以上六处，皆讲堂、文科学室，递分学年，尚多，观者只此。

十二、历史标本室。贮历史书籍。

十三、地理标本室。贮地理书籍图器。

十四、庶物标本室。贮理化格致所用各名物图器。

十五、植物园。植各种草木，以备考究摹绘。

25,10,6

以上各处，凡入学者，皆具保证结履历结，由学内医师验查身体，及毕业后超擢高等学校，其功课、学术，皆有考验，规则甚周。

初六日　视单级小学校，明治二十年设置。单级者，无分门教习（即普通学），各门统归一人教授。盖穷乡僻壤，经费不充，不能设立专门学校，故特设单级小学。京师人才荟萃，亦设此学者，使师范学生见之，知其规模也。学内不收学生束脩，分寻常、高等两科。寻常小学科，男女自六岁以上、十岁以下，额限一百名，修业四年，教以修身、读书、作文、习字、算术、唱歌、图画、体操、裁缝。高等小学科，男女自十岁以上、十二三岁以下，额限八十名，修业四年，教以修身、读书、作文、习字、算术、日本地理、日本历史、理科、图画、唱歌、体操、裁缝。两科共有男女生徒一百四十馀人，其年限已满不能卒业者，准补习二年。卒业之后，以该生等家贫无力，准入徒弟学校及工商等艺，俾得速成也。 单级小学

幼稚园教育博物馆，明治六年设，以备小学生徒观览。其中万物皆备，有原形者，有肖形者，有图画者，以及九流三都、诸子百家，无不毕具。盖幼年说理难知，而图形易晓，故凡农工等事无不绘画成图，鸟兽草木无不象形以资观览。索于虚，不如征诸实也。 农工等事绘画图形

孔子庙，明末德川第三代家光建，迄今将三百年。大门额曰入德门，仪门曰杏坛，殿曰大成殿。中设孔子像，明季朱之瑜奉像东来，特为仿塑，左右设四配像，特颜子 孔子庙

有须。耳殿外两廊，今改作博物陈设馆，为中学生徒观览之所，内分物理、数学、星学、地学、化学、动物、生理、植物、实业、图书、音乐、体操等科。

中学课程

中学校，系明治二十年由师范学校分设。凡高等小学男徒卒业者，再入中学校肄业六年，学习历史、国语、方言、物理、星学、地学、化学、动物、生理、植物、实业、图画、音乐、唱歌、体操等科。下午功课完毕，作歌数阕，以畅肢体，曲调节奏，皆书于版。

高等师范

高等师范学校，明治五年设，为中学校生徒卒业者升阶肄业之所，限四年，现有生徒三百九十七名。校中分二科。

文科课程

文科：如伦理、人伦道德、修身之类。

教育：普通、特殊、应用、卫生、练习之类。

国语：讲读文法、作文、学史之类。

汉文：讲读。

方言：讲读。

历史：本邦、东洋、西洋。

地理：本邦及外国政治地理、地学概略。

哲学：心理、论理、哲学史。

经济学：经济学大意。

法学：即刑法、法学通论、中国宪法、行政泛论、教育行政。

言语学：词令大意。

体操：普通兵式。

25,10,6

理科：如数学、算术、几何、代数、三角、解析几何、微分、积分大意。 理科课程

物理：力学、物性、热学、音学、光学、电学、磁学、天文、实验。

化学：通论、无机、有机、理论、实验。

地学：矿物、地书、地质、实验。

植学：形态、构造、生理、分类。

动学：普通、比较、解剖、组织、发生。

生理：生理及卫生。

农业：土壤、作物、家畜、经济。

手工：木工、金工。

图画：临画、写生。

按文部各学，与陆军学校不同，然师范学校、女子各学校均有体操，高等师范且习枪法，可见国家尚武，故风气为之一变。《兔置》之野人曰：“赳赳武夫，公侯干城。”即此意也。其柔道法，即满洲之手搏，以练筋力。所唱歌阕，古名人辨庆所制，为军中进兵阕，亦虽在文事，不忘武备之旨。视木工厂，盖形上谓道，形下谓器，斯手工尚焉。有理必有物，有物必有形，格物穷理之功，莫大乎是。人莫不资谷食，谷之始，华生茎成，穗粒米无不分辨，详晰知此者，无粟麦不辨之讥矣。观毕，校长伊泽修二检旧著《台湾十五音字母》赠阅。台人声重，浊喉音为多，其苦心审认并作台语字典，以日本字母分部，通台语者，无不通日语也，其十五音字母，即戚参军柳边 各类学校均有体操

求气低之法。

初七日　同李星使、丁军门二点赴赤阪离宫观菊花会。先期外务省向李星使致意，初六宫内省柬来，略谓宫内大臣奉皇帝、皇后两陛下命，敬致意某国某官某人阁下，九日午后二时，赤阪离宫御苑，催观菊会招请等语。文系和文，并观菊会入苑证一纸，为入苑时之凭据。此地系太子所居，泉壑树木极为幽邃，秋景红叶特佳，菊花种此内地较大，标明品类，以资鉴赏。有一株可生三百朵，盖植物研究之功也。少顷，日皇、日后从便道来，日皇腰刀，穿步军服，日后西服，从者彰仁亲王、闲院宫亲王，各王妃偕至。是日，客到三千人，日皇以次点头接见，西客脱帽为礼，华官鞠躬示敬，以重外交之意。四点，日皇驾旋，客散。是夕，井户川大尉招饮。

赤阪御苑观菊会柬

初八日　上午，楢原订观内阁印刷局。局长得能通昌，西乡元帅戚属也。明治三十一年设，规模全备，盖厂购机费银八十馀万元，职员男女工匠七百六十五人。专造国家定制各式银元并电信邮政等票，亦外揽各银行、公司商业票证券据。惟石版印室兼及官用簿书图籍。现其政府新定，割增劝业债券一百万元，以账贷贫民之无力为商者，使开劝工场得利，限期纳还。中国湖北银元局亦定制一元银票、九八制钱钞票、角番二角小票各一百万张，票式略长，上有双龙文，纸背刻湖广督抚晓谕民间通行字样，准其完粮纳税。工料等费，每一万张需二万馀元，局中人谓票张大银数少而泥于一式，不如改小为便。想鄂省

内阁印刷局

25,10,8

票大银少，既便通行，复绝伪制，必有深意也。局内阅雕刻课，共四所：

一、出图室。画大小方圆各种票印，花纹极精致。另存由局制出各种票式印纹数十张备考。 雕刻课四所

一、手工雕花室。工师数人，或雕字，或雕画，用器既利，艺学俱优。

一、机器雕版室。机虽灵巧，而规矩方员仍操诸人，故司机匠亦需技艺素优者。

一、药洗票版室。有数水斛，各浸颜料一包，设自来水管，置薄铜票版于下，此版系铅和蜡镀成，用药粉调水洗过，特浸于药水盆中，纹色倍显。又有小块铅条，刻邮电佛头小票之版，于火炉上烘洗。

刷版课共四所：

一、制印泥室。机器十馀架，倾芝麻油并应用物料于上，炼成各色印泥，徐泻而出，以筒承之。 刷版课四所

一、印票机室。机器十六架，上有滚圆碾轮，如中国染坊卷布石者数层。先渍各色印油于上，雕版既竣，安入机中，一转而泥已匀于版，将纸放入，再转而票成矣。其黑字票内欲加红印者，另有机器数具，上用压力铁板，将印文反雕空花，如阴文焉。置机下，加厚纸，舒票于上，一压而显。

一、石版印室。此机中国报馆所有，系用药水影字入石，加压力机印成。闻每日可出二千分。

一、干库。票既印成，而潮湿不可查检，乃设密室藏

汤汽热度，置票于有孔柜内，以微烘之，其干甚速。

尚有一室，无滚圆铁梁，以人工捺印泥于版上，递入机内，印成。

因工程浩大，机不敷用，故助以人力也。

调查所皆用女工 调查所约数处，皆用女工。有裁纸者，有裱票者，有用机钉票者，有包票者，有查票者，有覆查票者。查票每纸一数，覆查票五纸一数，皆速而不忽。有司手机加种小印者，有司手机凿佛头之密孔者，有司机票机器者。女工费每人日二百或一百五十文，伙食自备。

官报局 另官报局。印官局新闻报并各种书籍、字据。内有新式印报大机器二副，一副每点钟出报一万二千分；小机器十馀副，每点钟只出一千分。机器上层套活字版，局内活字版多副。其馀包钉缄检，皆用女工，与印刷局同。并见做洋簿，沿斜行彩色法，以水调油，上敷颜料，匀而不紊。

色料制造厂。无机器，用水火炉，水以浸之，火以烘之，能制各种颜料。

工业学校 下午，赴浅草区观东京工业学校。明治十四年文部省创，经费四十万元，常年八万元，生徒现三百一十七名。内有韩国学生七名，二名学化学，四名染织，一名学机械，印度学生一名，学化学。该学校谓之特别学生，入学生徒每年学资定额百元，现稍加增，又有校友会金、化学用料各费，每年数元。（特别学生）

一、应用化学科：

25,10,8

分析室，以化学诸器，教生徒分析物之定性、定量。

天秤室，亦分析物量之用，此器安置案上，地取其平，外加玻璃罩，避潮湿并人身炭气。 应用化学科

实验室，见验各种酒质、各种铁质。

教官实验室，教员自习之地。

第三年生实修室，见制成椰子油、曲蜡、胰皂、蜡烛各科。

煤气总机，化学所验物，炼物多用煤气，咸出于此。

一、染织工科：

试染器滚光机，如中国染坊卷布石。 染织工科

染布机，置靛水于下，左旋右转，匀而速。

印花染机，雕花样嵌机内，先碾布，后入靛，而成花布。

脱水机，圆形，大小两重，里重有密孔，轴轳旋转，可以透风，染布入此水，气尽去。

撚线用合机，撚各色染线。

木棉织机，织布。

绢用织机，织羽缎。

手织机，即中国寻常织布机架。

缥珍女带机，如捆条汗巾之类，日人为女人腰带，谓之倭币，五点钟可织一丈。

尚有手机多副，织出口各种绸布、绒缎。工场内列各种物品，有丝织山水一片最佳，皆西京实景；有中国织造各种绸缎布匹之样，以备考究。

一、窑业工科：

窑科分析室，以煤汽火炼出，分析磁器源流。

窑业工科

实验室，取各种泥，捏尖式小块，验其耐火力，量验后，调数种为一种，以算学计其分量，恰好，乃送入模。

验水泥针，验土质由湿而干之迟速，为制水泥之用。

试验烧窑炉，试验成磁时候，约三点钟。

手工捏模，雕琢各式泥样，或画暗花过釉入窑，经火而花乃显，凡磁器外质为釉，内质为泥，釉光而泥粗。

入土水楻，浸各种土于内。

漉泥手机，如风琴式，中隔以布，机转则水去而泥干，可省日晒之力。

藏泥地窟，泥亦不可太干，漉毕乃藏于窟，使受地气，燥湿得宜。

砖窑五座，前用松柴，后改用煤，改时窑色略黑，经考究乃白，有磁器如饭甑式，送物入窑口，封丸泥，火候到则拆封取窑器。闻该科能制水泥（即塞门色土）、玻璃、砖瓦、磁器四种。

一、机械工学科：

机械工学科

五十吨试验铁力机一副，置打成见方四英寸之钢条于机内，用电力拉断，验出此铁得七顿三力，机上有表。

试验煤气热量机；

验压力机；

验用机器油多少机。

以上三机皆有表，用电力。

25,10,8

一、电气工学科：

电气总室，内有蓄电池，壁上大小电灯数十具。闻电灯内线系用竹丝所制，竹丝黄，有金色，可以通电。 电气工学科

电气镀金所，白蜡作胚，中镶黑铅，药水镀出，与古铜无异。

电气漂物，取三杈树皮，以电气漂之，洁白如丝絮，可作纸料。

电气铸物，铸五金各件，范土为模，以电力镕之。

工业教员养成所，明治十七年文部省创设，以储工业学校教习之材，年岁限十七以上、二十五以下，三年毕业，功课为金工、木工、染织、窑业、化学、图按等科，浅于工业学校。 工业教员养成所

又有金木机织陶器漆工速成科，以便工民子弟学成自营其业者，故毕业只限一年，或二年，不足者补习。年岁限二十以上三十以下。阅时生徒已散，只见工具材料各室，并第二年学生所制木器、漆器各色陈列品，生徒补习夜课学室。六十人分二班，隔日教授。外有体操场。

附属职工徒弟学校，工业中之小学校也。工课亦浅，四年毕业，年岁皆十二以上、十六以下，学资每月日金二十五钱。学校因去年失火，尚在起盖，其校长办事室建筑未成。

初九日　视高等商业学校。明治十八年设，有生徒三百馀人，专教中外一切商务，为商业学校总管，并教习之用，或另充公私。

又次之，东京外国语学校，学习中、韩、英、德、法、俄、义、日、西班牙八国语言文字，将来尚须推广。现有生徒三百馀人，学业三年。历观各国语言讲堂，中、韩、俄三国教习系三国人，其馀教习系本国人。教俄文者月二百五十元，华文月八十元或百元，韩文月八十元。

晚雨。

初十日 曜日，晓雨旋晴。八点往使馆，随班祝皇太后万寿，顺拜楢原陈政、内务大臣西乡从道，楢原夫人同其女出见。西乡大臣念先祖在台交谊，抱病握晤，意殊殷拳。楢原十五年前同入何子莪宫詹幕下，旧友也。

陆军士官学校功课

十一日 阅陆军士官学校。明治七年创，学生七百馀人，分四班，皆寻常中学校各生之已习普通学者选入，各联队学习半年乃入此学校，一年毕业，升为下士官。功课分战术、军制、筑城、地形、兵器学、马学、卫生学、外国语学、铁道、电信、营堡，外兼兵操、体操、剑术枪刀术之较精者。

一、第一讲堂，教战术、军制、筑城、地形四科，教习为大尉官。

一、第二讲堂，教技队兵棋图。是日图系八王子地形，得五千分之一，列方案上，另纸区别图中山川、原田各形色，日符号表制磁子，小者为小队，中者为大队，大者为联队，按各军队服色分东西布置要隘，为两军对敌势，以教学生攻取策应之略。学生亦分东西两班，先后教授。

25,10,11

一、第（一二）中队生徒自习室，共三所，中有罚席，犯规者坐此。有各项功课教程书，其外国语学分中、英、法、德四国，人习一国，各从其志。 中有罚席犯规者坐

一、卧房。

一、饭厅。

一、浴室。

一、马厩。

一、兵器库。列各国各种弹式、各种枪式制、小炮置案上，机械毕具，以教生徒考究。

一、铁道教室，木制铁道式置案上，内有运车台、止车台，各种旗号、灯号。

一、营堡教室，木制数处全堡形势，并各式炮台、各式地营、各式行营、各式兵厂、各式坑形、各式壕形，大小毕具。 营堡教室

一、桥艤教室，教各式桥艤，为济河造桥梁用。

是晚，楢原留别，宴于筑地一番地，以十五日从西公使之北京。座中晤张香帅孙世兄刚侯，在东华族教习院学习，毕业后将习陆军，留学一年，能操东语矣。

十二日　送楢原行。回井户川以参谋部意嘱聘教习事，与雁廷联名电禀奎帅。午后，由上野附汽车，三点钟至枥木，住旭町丰仓旅店。参谋部派警察二员照料，夜，司令部员大塚全兵卫等来拜。

十三日　晨，由枥木车场附汽车至富山，观南北军骑兵冲突战法。按日本兵操，自联队以至师团，皆演习两军

南北骑兵对阵演习

对敌之势，今年为各师团寻常演习，予等所阅，则在近卫师团，从日皇观也。其各联队内，小操已于十二日竣事，自今日始，将一师团演为南北两军，北军为客，南军为主，分别红白服色，其军制由司令官或支队官临时编派。此次南北皆系步兵二联队、野战炮兵四中队、骑兵二中队、工兵一中队。南军从和田多中来，北军从宇都宫来。北军自宇都宫前发河内郡，至西川田一带，为侵入势，南军驻群马县木崎地方，由安苏郡佐野町前进，为防御势。其最近战场并合队观兵之处，则在下都贺郡壬生町。是日，先演骑兵，北军先行队与南军本队遇于富山左近，枪声隆隆，马若游龙，是地树木阴翳，演埋伏包抄各阵式约一时许，各退，未分胜负。未刻，回枥木，车场同人往迎明治帝车驾，俯首为礼，行在所设枥木寻常小学校内。此次各国来观者，英二员，俄、美、法、德各一员。晚，师团长长谷川好道犒以酒。

南北炮队接战演习

十四日　辰，由枥木附车至岩舟，行十四里，登山一望，是山在叠冈三谷之间。闻炮声，北军营叠冈，南军营新里。旋从日皇驾登新里山麓，观南北军炮队接战在犬伏町小野寺中间关川地方，相距约千五百步，猛攻一时许，北军退向小金井，南军住枥木。予等以次谒明治帝，行三鞠躬礼，随即从往岩舟山上，观南军步队分道进攻陆续掩击之势。未初，回枥木旅店。是夜，月明如昼。

十五日　辰，往壬生町，观南北军步队接战。出枥木町里许，即见南军支队鱼贯而行，骑兵先到，往来驰骤，

25,10,15

南北步兵对阵演习

各队长辄登高屋，执测远镜以觇前敌。又行数里，丛林中有北军侦探一小队，开枪远击，约三十分钟，即行败退，似作诱敌状。南军骑兵尾之甚速，而步队只在小仓川桥梁左近，良久不前，知有伏也。其地河流冬涸，沙碛毕露，左右岸旷野深林，两军屯处约略可辨。过柳原桥，予与英将章森倚桥立，静候两军调动，日皇帐幄亦在其间。少顷，过古川桥，登高阜，炮声齐发，南军以炮兵五中队分布上流，开炮挑战，其势甚猛，炮烟中，远见小队零星似欲渡河之意，而北军应炮声缓，似已悉其声东击西之谋。回望下流潜渡者，果已过半。登岸后，南队循环如墙而进，北军已据高原，旁袭侧击，马队从后赶到，御应备周。而后山炮声犹未绝，两军相距益近，枪声如鞭爆，百步内负枪而立，则止战令下，乐声作矣。旋即合队折回壬生町，布列观兵阵式，仪如天长节，惟由日皇自行宣谕，评论两军得失，诸统帅及陪观各国官员拱立肃听，各兵官晋谒受赏。申刻，礼毕，日皇驾还枥木行宫，予亦归店。

日皇评论两军得失

是役也，南军得而复失，缘北军据高临下，南军兵皆露行，一一在其目中，故转败为胜。余亲见北军掘地道卧伏以避炮，炮兵掘地道以藏炮，用心甚苦。适南军渡河，举枪迎之，马队复奔驰而前，南军不得任意，猱上势处洼下也。两军车炮甚得力，可及远四五里。方事之殷，途中遇参谋部大迫尚敏。

明治帝居枥木，小学校夜放烟火娱览，比户献灯为欢，各军到县民居接待如宾客，官只许借一火炉一棉被，而百姓供应饮食惟恐不周，盖兵由抽丁，非招募，今日他县兵到此以礼相待，他日吾乡兵至他县彼亦必不漠视，取往复报礼之意也。

吾旅居邻赤十字社，社中医药护妇无一不备号牌，至谓某兵负伤则解衣验之，捆手足、卧行床、敷药剂如真伤状，天雨淋湿透身背亦不得动，军令之严如此。

去年大演习今年小操

去年大操在大阪，抽调第三、第九师团为北军，第四、第十为南军，谓之特别大演习。今年分近卫一师团为南、北两军，谓之小操。一切仪文悉从简省，第一师团以下各自操演，余与雁廷两人仍归参谋部招呼，随员以下均自备。

十六日　辰，送日皇还跸。午后，偕周孝怀副贡、林肖蝓训导附火车往日光，铁道直至山麓，万松森立，红叶凋矣。夜住神山旅屋，屋后小园水木明瑟，楼居枕山，月上霜清，风景幽绝。散步日光市街，至神桥而返。

游东照宫

十七日　辰，登山游东照宫。宫为第一代德川家康祠庙，金碧峥嵘，仿佛西山楼。观寝殿中配食丰田秀吉、源赖朝二人，左向大猷院为德川第三代家光之庙，拜能久亲王墓。览大日堂地藏庵诸寺观，遂上男体山观瀑，舆行十馀里（舆用竹篮穿一木杠，两人抬之，内施垫褥，可卧不可坐，未知于古制如何），乃见裹见泷、相生泷两处。舍车而徒，层岩高耸，匹练横飞，倒映日光时有虹气，澎湃如砰雷急雪，皱石四错小桥下，横徙倚其间，俨在庐峰顶上。惜中禅寺未往，只目游而已。归过含满渊，见唐宏

25,10,18

大师投笔处。戌刻，车回上野，去东京六日矣。

十八日　上午，观第一高等中学校。生徒九百馀人，肄业三年，预备升入大学学习专门者。此校创自明治初年，曰大学预备科，十馀年后改名高等中学，复因各道增设高等中学六所，故京都特名第一高等中学。校长狩野亨吉新从熊本中学来也。 京都第一高等中学

英文讲堂，教习英人，名曾梅星。

身体试验室，考验身体之所。

身体讲堂，讲解身体之所。教习出伤肝病虫置显微镜内，并海鲊子身虫传观。

标本室，陈列动植各物。

矿物室，陈列各种矿质。

书籍室，分十类，一哲学、二法律政治、三历史地理、四文学、五数学、六理学、七工艺产业、八辞书、九丛书类书、十图志。另有各种新闻报纸。

格致讲堂，教习试验声浪相待法。以煤气管置铜线纱下，相离三寸许，纱上燃灯而纱下无焰，人离灯丈馀，或嘘气或拍掌，灯皆灭而复明，盖拍掌时声浪及灯故灭，迨声浪既过故灯复明也。又用四面方镜，中映灯影，以轮转镜口呼八音，而灯焰亦变八式，以知音之所异者，乃声浪之不同也。凡石投水中，水皆有圆纹，渐涨渐大至力尽乃止，而声音亦然，声一出口，其空气亦作波纹，声大则波纹亦大，声小则波纹亦小，此远近闻声之理也。至于力尽浪静，斯不闻其声矣。 格致讲堂声浪试验

机械室，陈列格致器具。

汉文讲堂，讲圣贤之学。

体操场，操枪并连环对敌阵。

写生室，中分二等，一用笔随意摹画，二用画具量绘。

电灯房，中有电灯机二副，燃照本校之用。

化学讲堂，讲化学分合之理。

天秤室，天秤十馀具，有外国制，有本校学生自出心裁所制。

定量分析室，亦化学室，专为分析物质轻重者。

定性分析室，亦化学室，为考究物性分析之理者。

查考室，教习偶有遗忘，可到此室查考。

工科大学 下午，观工科大学校。为日本大学六科之一，农、工、医、理、文、法六科，而工科又分数等，如：

建筑学列品室。有宫室、厦屋、剧场、寺塔等，小模并泥塑人物及建筑各种利器。

造船学列品室。有中外帆船、明暗轮船、兵商轮船，并船身分段小模，及卧立摇定双涨力、三涨力等汽机。

工学列品室。有盐田煮盐池，风磨水车、水碓，火车汽机、抽水机、清水机。

工学试验所。有煤气机、电灯机、水汽机、转轮机、验铁性力机并火车所行桥梁。

应用化学科。

工业实验室。

25,10,18

定性分析室。

天秤室。

定量分析室。

列品室。

吹玻璃室。

研究室。

暗室，洗电用。

制图室。

窑室。

蒸馏室。（按《玉篇》：“馏，饭气蒸也。”《说文》：“馏，饭气流也。”）

采矿及冶金列品室。开矿，运砖木用驼架法，重物可由绳索转递不须铁道。又烧矿产铁炉、炼钢炉、炼金银钢铁炉、矿产磨矿质碓、矿产筛矿灯笼、抽水机，并各种矿质炼成、未炼成者均备。

电气列品室。电灯、电汽车、静电、流电、电话、电报、电力各机器，并音学、光学、热学、嗡学、重学各器俱备。

十九日　辰，往士官学校，观小松宫亲王考校毕业生徒。向例，明治帝亲临，故亲王代阅。仪卫用御跸，将佐尉官陪观者百数十人。学生家属扶老携幼，准其入校阅看。王至操场行观兵礼，如青山操场，惟皆小队而已。观毕，入讲堂前坐，诸将分班列坐高几，冠军一生向王朗诵战策。次观骑兵生徒演习，场中设布幄如箭鹄然，数骑驰 士官学校 亲王考校毕业生徒上高坡，复超乘而下，人挟一旗至幄急投，有入幄者，有力不及者，旗易三色驰三次。然后，改演马队阵法，队长居中，馀三十二人或分四排，或分八排，参伍错综，人马皆不稍乱。演毕，主客上下按等设茶会。既食，诸生复列队场中，王亦肃立，分给各生徒毕业券证，队长四人趋前作礼，捧券退授各本队生徒，人得一纸。高材生八人，自按名至前受赐。八人内，步兵三、骑兵一、炮兵二、工兵一、辎重兵一，券内有候补士官字样，其隆重武备之意，与临轩策士同一恩荣。校中有高丽生二十一人，尚未卒业。

亲王分给毕业券证

二十日　上午，观理科大学。内分七科：（附科二）

理科大学内分七科

算学科，算法、几何、代数、平三角弧、三角曲线、微分、积分。

天文科，有天文台测量气候、七曜星宿台，离东京二十馀里。

改日另观：

格致科，电学、音学、光学、热学、磁学（即噏学）、重学。

化学科，化学实验、物理实验、理论实验、图书室、讲义室、药品室、研究室。

地质科，观地质陈列馆，分地质、矿质千馀种，橱内剖一石，中有树叶形甚显，理学士考究，以叶落黏泥，泥久成石，故石有树叶纹，不知为何代物矣。

动物科，观动物陈列馆，内多螺蚌、珊瑚、虫蚁、鳞

25,10,20

介、禽兽之类。最奇者有蚁穴，如钟蚁王，身大如蚕；其次口有大牙如剪，东人呼为蚁兵，备攻战之用；再次身小色白，呼为蚁民。

植物科，东京无隙地，植物园在千叶县。未观。

人类附科，考究上古、中古人类及北海道、虾夷、台湾生番各种。有室一所，陈列上古、中古器用，皆数千年物也。并见瓦棺一具。

地震之多无如日本

地震学附科，研究地震之理。有各种仪器，量地震之久暂、远近、大小、迟速。通地球地震之多，无如日本，考究地震之学，亦日本最精，盖日本火焰山多。火焰上腾，或曰主鼓动之意，或曰土见火收缩，中必空虚，故易震。后汉张衡有地震仪，日本绘形张壁，以资考究。

下午，观医科大学。

医科大学

药物学分室，制炼药料之所，并考究有毒之物，如蝮蛇、河豚之类。

分析室，人身各部位，并脏腑浸于药水之中，使历久不坏，以资考究。

解剖室，贫人无力延医，可往医科大学医治，愈者不计资费，死者尸留校中考验，不准家属领葬。室内有尸十馀，生徒剖解以资实验，并考究致命病源，皮肉未腐，血色犹红，想人死未久也。亦有贵族身死，遗命子孙将尸交校中考验者，此日本之风气，欲增长学问也。

病理学教室，讲解医理。

卫生学教室，考究病虫之所。凡百病皆有虫，虫生遍体，病始不治，故究杀虫之法，先以毒虫种于马身，马愈，以马血制药便可杀虫。

产妇病院，产妇医治之所。

小儿病院，小儿医治之所。

老年病院，老人医治之所。

壮年病院，男人医治之所。

内科病院，医五脏损坏所。

外科病院，跌打损伤疮结医治之所。

自老年病院以下，以薄暮未观。

是日，晤大学校长菊池大麓。按：大学校长为一等校长，可与国之大臣比肩。喜华人，剧谈良久。

外务大臣谈中国事

念一日　九点钟，晤外务大臣青木周藏，谈至十二点钟始返。青木大臣一谓中国不必仇视天主耶稣教，教中自有道理，可助国家办事，至民教不和及借教为护符者，此乃地方办理不善，与教无涉；一谓中国须多派京师大员赴各国游历，以资考究；一谓中国练兵急于开学堂，开学堂培才其效甚缓，不如急以治标，速于经武，即易于强国；一谓大连湾、旅顺，各国将开一欧罗巴通商大马头，而亚西亚不与，此乃亚洲宜求进步之事，须合力经营。

按青木所言，款款深深，深悔前此一战之非。计日本办事，上下一心。究之，在上明理者，谓强亚所以制邻，此不易之论也。而在下者，谓甲午一战可以易视中国，意旨颇殊矣。

邮电学校

念二日　视邮便电信学校。明治三年创，有电信、无

25,10,22

邮便，二十三年增广，而改今名。现学生一百八十馀人，经费年五万馀元。或考充生徒，或召习各局在事人员，或各营局官自愿来学者。初创时，各局不知其便，近则无不用此中之学生矣。盖邮政通行既久，局章税则较繁，一切寄存金银汇兑款目、与地理传递远近均须熟悉，故需学者。学分三科，曰行政科，教会计法规、经济财政、商业地理之学，兼外国语；曰技术科，教电学、工学、图算、物理，兼外国语；曰通信科，教电气、通信、制机、实验、商业地理，兼外国语。其学精于各处电报局、邮政局速成之学生，行政科生徒多调用各局供差人员，学成，出为各局监督、教习。其学舍岁久倾圮，更筑未竣，只阅数处。

邮电学校各项课程

一、行政科第一年级，教英文。

一、行政科第二年级，教日本地理。

一、技术科第一年级，教德文。

一、技术科第二年级，教法文。

一、东京邮便实践室，分二处：一各局派来供差人员，一本校生徒。其习电信之法，分楼上下，为全国电信度数置机多具，以单线通之，或打或接，以验其艺之精否。有不视电码以耳力聆电机默写不讹者，此法甚新，即八音拍掌之理。另有习海底电码者，较陆电为难，校中陆电码文从断，海电码文从连，以为区别。

一、电气实验室，教学生制造各种电机，先绘图，后镶配，楼上一所，有明治二十三年自制各种电信机，并英字母电信机、电话、近机、远机、试电机、海底电线。

校长汤川宽吉言：该国递信省内有邮便电信博物馆，其中列品将择尤送入万国博览会。一艺之能，其竭力专精如此。邮政局亦明治二年创。

学习院

下午，观学习院。明治十年皇族华族捐赀创设，始只二族子弟肄业，继以向学者少，乃准士族入学以愧励之，惟士族须纳学资，每年自九元至十八元不等，以示限制。学内分五科：

曰初等科，功课为本国语、欧文、数学、理学、艺术，学生自六岁至十二岁，六年毕业。

曰中等科，功课为本国文、汉文、欧文、历史、地理、数学、理学、艺术、武课，学生自十二岁至十八岁，六年毕业。

曰高等科，功课为本国文、汉文、欧文、历史、地理、政学、哲学、武课，学生自二十一岁至二十四岁，三年毕业。

另有海军预科，学海军战法。全院现六百馀生，内亲王五人，中国留学者一人，即南皮尚书文孙也。校中不计学资，甚为优待。校长近卫公爵游历中国，未回。

一、初等学科二年级，教动物、植物，置鱼于案，考究其形，以诏之。

一、初等学科六年级二所，一教英文，一教日本地理。

一、高等学科体操场，较他学校多盘桅、秋千二项。

25,10,22

一、图书室，中国经史子集四部具备，皆近卫公手置。

一理科器械室。

一武器库。

并阅驰马、剑术、柔道术，略如各学校。

晚，践富士制纸社长村田一郎之约。

念三日　上午，观警察监狱学校。本年九月间新设，为巡查并司狱官兵讲习法律之所。先观警察科讲堂，生徒百五十馀人，静听讲师解说法律。次观监狱科讲堂，生徒百二十馀人，听讲师宣讲犯法之原，内分七条，一疯癫，二欺诈，三风俗（即赌博），四杀人，五窃盗，六一般罪犯人，七普通人，每条有表，表分三项：一、父母年二十以下所生子女犯罪多少考，二、父母年二十以上四十以下所生子女犯罪多少考，三、父母年四十以上所生子女犯罪多少考，三项相较，第一项人最少，第三项人最多，东人仿西法婚嫁迟故也。次观操演场，教习为陆军武官，生徒有三四十岁者，每礼拜操三点钟，止练习步法。 参观警察监狱学校

下午，观天狗烟草制造厂。主人岩谷松平，幼从西乡从盛作武官，后改业商，经营二十三年，遂致巨富。有厂数十座，佣工三万人，其烟遍行本国并中西各国，年输税五十万元。每纸卷易五十馀手始制成，历经炼烟业、裁烟丝、卷烟条、装烟匣等厂，力轻者用女工，重者用男工。 天狗烟草制造厂

念四日　曜日。下午，观东京商业会馆落成，大七百十五坪，一坪约二席位。去年七月经始，本年七月工竣，

东京商业会馆落成典礼

费银元二十一万。会长涩泽荣一立祭坛前，叙述立会之由，次则斋主（奉神教者如释道之流）、祭员进神馔、祭文，会长、农商务大臣、府尹、市长以次读祝，奏乐，三呼万岁，礼毕，退。会员各行乐，作乘马打球曲乘诸戏。赠漆杯一事为记念。观者千六百馀人，足见东京商业之盛。至劝工场之设，以养无业贫民，其法：借二十元者，日缴子息二文，即中国因利局办法，列肆数百，如旋螺纹，左入右出，标价目于各货上，示无二价。

是夜，往红叶狩戏园观剧。戏子皆古装，演罢一出，闭布屏，重演复开。维新后禁淫戏，所演多壮士刺客故事。

念五日　上午，晤陆军大臣桂太郎。下午，同中岛裁之观盲哑学校。明治八年，彰仁亲王、岸田吟香等八人公立，现共盲生六十馀人，哑生二百零九人。盲生功课弹琴、唱歌、针灸、按摩，哑生功课裁缝、图画、雕刻、指物，而皆使识字通文、审形辨物，其苦心教育有足多者。

盲哑学校

一、盲生识字教室，盲则脑力不伤，故灵敏强记。教法照英字母，别制细点字母，凸形横读，使扪其棱而识之，其字则用盈尺之铜，中为两横行，方格，以细锥为笔，按格刺之，书整而速，教习以字码翻子等姓名使按读之，而音不讹。

一、历史地理教室，或铅、或漆制各种凸形地图置案，使按，由粗而细，由合而分，久而识之，可知全国地形大概。

25,10,25

一、针治按摩教室，制人身全体，形脉穴筋节皆有表记，亦使按而教之。

一、琴教室，教弹琴筝之类，教师亦瞽者。

一、讲堂，弹洋琴，教唱歌、扪谱、审音，群瞽相和。

一、校长室，内有造盲生所读书机器，大小二具，印字机一具，可省钻刺之力。又盲生写信机一具，机盘列英字母，置纸于上，下动则上印，极便极速。以上属盲。

一、哑生学语室，哑者有生而聋不闻，自无从学语，不尽喉舌之病也。教法：详辨五音，书一字母，动唇、喉、齿、舌以教之，必音合而后已。每教一字音，使对镜视唇、喉、齿、舌动形而自习，久之，识字多知音亦多，知并字亦知并音，是以能语。惟五音轻重之间，辨析极微，非善诱难于会意，有华族幼女最慧，教习书汉字，用东文切音使念，朗然成诵。 哑生学语教法

一、识字教室，知音而不知义，犹不识字也。法：先教以名物，实字举形诏之，天文、伦理之类则以图。

一、图书教室，标毕业生名画甚多。

一、裁缝教室，内有已能女红、自食其力者。

一、雕刻指物教室，嵌木、雕花、陶器、塑像有极工巧之品，经美术会评定给奖，教习二人皆哑者。以上属哑。

另有一室，聚泰西各国盲哑痴儿学校制物标品，陈列以资考究，若米之绣、德之画，皆非庸手所及。

参观驹场农科大学

念六日　上午，去东京二十馀里，观驹场农科大学校，在丛林平野中，地十六万九千七百八十四坪（东尺六尺一席、二席一坪），明治十三年始改为大学校，去年失火，房舍更筑，有未竣者。每年经费九万元，教习月薪在外，现学生二百四十馀人，南洋公学亦派金姓一生来习。功课分农学、林学、兽医学、农艺、化学。

农学科

农学科

一、动物实验室，凡害树木果实菽麦，若螟蝗蟊贼各虫种类四玻璃匣，各国蚕茧式三匣。据云：蚕种之盛，仍推中国。又取鳜鱼苗若豆形，养以药水，放铁锹上，以水漂之，十日生鱼，盖可造以人力云。

一、养虫室，铁丝为笼，验虫之变化，辨其质性。投所好，而观其害物缘起，以求克治之法，屋外并畜害水产物诸虫。

一、养蚕室，蚕序已过，仅见竹架、竹筛、热度地炉等物。蚕性喜洁畏寒，凡瘟虫传染多自微尘而来，有煤火手机熏木精水可治之，木精水味极难闻，按闽人郑守箴译法国《喝茫蚕书》，称蚕病多先天所受，故以择种为要，蚕瘟虫种亦不一，今见紫色大点者一种，似椒瘟虫。

一、畜舍，择六畜异种者，若荷兰之牛、安南之鸡。牛乳日得六升，鸡子年得五六十个。又有山羊，亦多乳。馀畜野兔、鹅鸭之类。

一、农具置场，锄耰制与中国同。惟犁以人力，能左右转，并有马车犁、谷物播畦器、刈汞机、脱谷机、滚地

25,10,26

木机各物，以教生徒，备考究。若民间常用，仍系旧法，盖机器价昂，既难尽购，农夫亦未习惯也。

林学科

一、林学实验室，内统地质学教室、林学教室。植学以地学为本，悬全国寒温带及初霜、晚霜期节图，考其地质气候之不同，分色标别。如红色为琉球一带极暖之地，隆冬木叶不凋，蓝色者凋叶，使知土宜。并汇树木果实约五百种，验以化学，求灌溉栽培之术。又取各种杉松木质，考究其易长大者。有植学应用各机器图式，如剪刀，可资获刈之类。 林学科

一、植物园，樫、槲、桧、柏均相似，松类为多，有罗汉、凤尾各种。又凋叶之松，殊不常见。学生所植小树，以竹扇护之，天寒畏霜也。

一、林物产试验室，樟脑（日本樟树少，从前以树根熬膏，近则并叶纳铜锅内蒸之）、松脂木、炭木、精木醋及各制造所用蒸馏机炉数座。

兽医科

一、病理试验室，验各兽病虫。见羊瘟脓血所化虫、牛炭疽虫（紫黑色）、马牛肠内条虫，又牛肠蛔虫（紫黑色如豆大）。 兽医科

一、标品器械室，制马牛羊全体形、分体形。见牛胎数种，以月分多少别之，及牛胃丸、马齿、马爪筋，马肠内病块，块若石卵，如台湾鹿肚石形。绘医兽病各种药草图。又画马，分伶俐、痴钝、傲慢、悍驽、懦怯五种。

一、解剖室，见马脑标品，分定脉、动脉。

一、药室，见试验牛乳，装玻璃管内，以机转之，轻质上浮，重质下坠。

一、蹄铁场，制打镶配蹄铁之所。

一、病畜舍诊察所，内有盲病牛坐蓐，马瘟、病犬。

一、外科手术场。

农艺化学

农艺化学科

一、教授分析室。

一、学生分析室。

一、学生秤量室。

一、取物室。

一、燃烧室。

一、淘汰分析室。

一、肥料室。

一、脂物浸出室。

一、显微镜室。

一、器械药室。

一、讲议室。

一、暗室。（即用电所。）

福岛曾从俄入华

晚，饮福岛大佐家。福岛出示邻邦兵制考，各行省、蒙古、满洲均备。福岛曾从俄入华，过乌里鸦苏台，昼骑马，夜宿蒙古包（外毡内皮）四十馀日。井户川言，参谋部以吾二人回国在即，奏请日皇择日再见，以行期已迫，与雁廷敬为辞谢。闲院宫亲王亦订于下月初六日治

25,10,27

饯，因顺路游西京，婉谢之。王将取道中国，赴法观赛会，而达俄京。

念七日　到横滨邹筱春领事辞行，晤同乡商人在埠者。据云日本近税重，进口货有税，租地有税，每年买卖若干有税，赢馀有税，故百物极贵。 日本税重百物极贵

念八日　到成城学校并同文会学堂，与八生话别，看体操而返。晚，陆军大臣桂太郎招饮于永田町官邸，并即告辞。

念九日　上午，往各处辞行。晤大山、西乡两元帅，川村、吉田两将佐。晚与雁廷宴客于帝国旅馆，到者大山元帅、文部桦山大臣、外务省高平次官、内田全权公使、通商局长杉村濬、秘书官三桥、翻译官小林光太郎、陆军大生定孝、田村怡与造、福岛安正、上原勇作、吉田精一诸大佐，西川政成柴五郎、宇都宫太郎诸少佐，井户川辰三大尉，使署黎觉人参赞官、罗保森翻译官，共十八人。尚有期而未至者数人。 各处辞行

三十日　西乡大臣、野津大将、桦山大臣暨将佐等，均来送行。薄暮，往使署。晚，木斋星使觉人参赞来谈。

十一月初一日　宫岛议员与仓喜平大尉等来送。下午六点钟，由新桥上火车，参谋次长大迫尚敏、大佐福岛、近卫师团第三联队长吉田精一并使署参赞、翻译各官，送至火车道，外务大臣介翻译官小林平严来，亦送至车道，井户川、中岛、原田三人同行。 新桥上车诸人送行

初二日　上午九点至西京，住三条麸屋町俵屋晓翠 至西京

楼。到东本愿寺，谷了然方丈与其子大谷光莹出见，皆伯爵也。日俗，和尚不茹素，有家室。寺建在二百年前，明治十五年毁于火，二十八年工成，费金钱三百万缗。登圆山，有温泉，可瞰全京，民居五十万，文人学士、退宦者多居焉。路仄，电气车以铁杆扶电线而行，不敢快也。是夜雨。

参观川岛织物所

初三日 上午，前农商务大臣品川弥一郎邀观川岛织物所。西京织工甲全国，中有一帽织，日本甲胄、衣服，古来所有诸物，将赴巴黎为赛会陈设之用。主人川岛聚中西及本国各故物，旧谱翻新，最能生色，有埃及二千年前织锦，于米国用多金购之，以资研究。下午，到西本愿寺，则三百年旧寺也。寺，巨富积资建大、中学堂两座，以助国家。鄂生范思浦（皖人）、徐美韶（浙人），由自强学堂选入文学寮肄业。有园一区，与东寺之涉成园，皆故太尉丰田秀吉故址。旋观三十三层塔，登清水寺最高处，金鸾禅师遗冢在焉。望鸭川，溯源于琵琶湖，灌川入海。归途过旧宫，宫门深锁，闻由东京宫内省派人看守，宫外树木蓊蔚，驰道洁净，路不尘嚣，但见乡人扫落叶而已。当日皇居西京时，左右二京肩摩毂击。近则右京夷为民田，办事大臣厅舍为兵燹所蚀，并旧址无之。是日来候者，太田得证、甲斐宽中，皆曾游于中国。

米国今译作美国

清水寺

去西京四十里，伏见町驻第六师团一联队，千馀人。

日本极力规仿泰西，以西人有天主、耶稣二教，因遣僧到各国传佛教，并来中土。中日之佛无二教也，殊恐将

25,11,4

来办教案者，又多一国唇舌。木斋星使云，中国条约并无此层，还以不认作传教为是。

初四日　九点，辞品川先生，赴大阪，太田得证，徐、范二生均送至车道。十点至埠，住佐佐木渡佐堀旅馆。大阪驻第六师团万馀人，因观前诸侯丰田太尉旧城，至其军，参谋炮兵大佐大迫尚道出见，大迫尚敏弟也。陆军参谋二大臣均发电至炮兵工厂，接待余辈观厂，少将太田德三郎为言其事，因邀观各工场。厂系明治三年创，经始费一千万元。维新后，诸藩所设械厂统并为一，价值不具算。常年经费四百五十万元，工匠三千馀人，厂地十三万坪，内造攻城、野战、过山、海岸各种炮弹火具，并零件兵器，每年出大炮六尊，次者三十尊，又次五十尊，再次百馀尊。其海军用炮，由广岛别制，厂内有运炮水道可通外港。

参观炮兵工厂

一、炮身炮架制造工场，制造各种炮身、炮架。其重至三十吨者，可及远八千密达（一密达合中尺三尺，八千密达共约中里二十里）。该炮若购诸西国，须三万馀金，自制可省半费。此外，重十五吨至五吨之炮为多。其炮身第二工场内，右为俥光工作、左俥炮内来复线，上有起重机，下有深坑圆洞，为箍炮身外层之机炉。又设地窖，因霉天铁有涨力，炮欲俥光，不能镶入机器，先用火于窖暖之。

炮若自制可省半费

一、炮架组立工场，合拢各式炮架炮盘，镶配应用各机件，炮盘上护机钢甲厚至一英尺。

一、炮身铸造工场，一所六炉，下有地道熔铁入模，一所专铸生铁，用富士山产者。

一、弹丸制造所，制大小各式弹子，大可四百馀斤，小名榴霰弹，其顶圆，中多螺旋纹。又有机拉铜条，为弹子用。另见制成炸弹数种，其中心镶配，皆用算术较量，凡射击远近、炸裂时候，皆有定量。

榴霰弹

一、弹丸铸造所，有大火炉熔铁汁，先倒铁锅上，用起重机运动，挨次倾入各铁模，便成粗胚。模在水中，先已按号编列，炉旁有出火汽管，防热度过甚，或致暴炸。

一、药荚制造工场，铜片用机制成大小各式火药筒，筒薄而盖厚，其速放野战炮药筒一种，可装棉药七吨半，大者可十二吨。

一、信管制造工场，制弹子内铜管、螺丝各件。

一、软过炉，炼钢铁使柔。

一、打铁炉，用水力机，炉上大锤压力重八吨。

一、炼钢火炉，火气极烈，工人执木牌、嵌蓝色玻璃障眼，以卫目力，并觇火色。

一、饭盒工场，机器制铅铁盒，上层贮小菜，下层贮饭，军士随身最便。盒刷黑色油，用女工。此与铸炮无涉，因系军用，特附于此。

厂内大工场二十二所

据称：该厂共有大工场二十二所，内制炮身者三，制炮架者八，制弹丸者四，制火具者七，其馀煅工各兵器零件不计，每日用煤一百吨。

造币局长邀观造币局

初五日　午后雨。是早，造币局长长谷川为治得外务

25,11,5

高平次官电，邀观造币局。明治元年创，四年成，工匠二百五十馀人，专制金银铜三品钱并国家勋章、赏牌。每日工作八时，应出值二十元金钱一万枚，共二十万元；值十元金钱一万枚，共十万元；值五十钱银钱八万枚，共四万元；值二十钱银钱十五万枚，共三万元；值十钱银钱二十万枚，共二万元；值五钱白铜钱十五万枚，共七千五百元；值一钱青铜钱十二万枚，共一千二百元。

一、文书课，掌案卷之所。

一、参考列品室，汇各国古今金、银、铜钱陈列，以备考究。中国古钱颇多。

一、雕刻课，有机器，置尖式软铁于上，圆式硬铁已雕成之模于下，三压而模缩小，倒印于软铁上，可省手工。

一、地金课，收各处矿产考验。

一、试金部，量以大秤，炼以大炉，引风力从内煽。试银之法：以玻璃瓶贮盐硝水，和银粉置机上，簸摇数分钟，重质沈下，斯为净银。试金者，熔金砂锅如小酒杯大，置炉火中以验暒色。

一、精制场，分析金银体质，制造各种金银砖块。出示高丽金一块，内挽银质，未经分析者。又见银砖数十块，云系福州银圆局所购，至金质多购中国及各国。日本矿产以北海道、萨摩国为佳。 精制场制金银砖块

一、熔解场，铁模数架，一模二十二孔，倾金液于内，铸成金条，每条可制值银十元之金钱三千五百枚，一

枚重二钱二分五厘。金条熔就，入水洗之，即时鎞光。

一、伸延场，以已鎞光金条入拉机内，渐拉渐长，分寸恰好乃入辗圆机内，压成圆块。

一、极印场，铸成银钱圆块入大锅炉内蒸洗，色先黑，净以清水乃白，净毕烘干，入卷沿机，次入印模机，两面受印极快，每钱金九成、铜一成。

一、秤量室，成钱后，秤以天秤，下有柜，钱之铢两不称者自能剔出，如枪工场秤枪药法。数钱之盘方式有柄盘内百格，如钱大，以手摇之，如格匀分，省力而速。

一、包银所，分三项，先数钱，次打包，次检查。内天秤一，有机，用手力压之，轻重立见。

一、库房，用砖垒成，见金砖数十块，每块重五百两，值银一万七千五百两。凡金银钱打包后，先入库房，再发银行。

一、监察挂，散工时，搜检工人严防偷漏之所，内设盥口壶、木架等件。

按：日本自收回大银圆后，改用金钱并钞票，国中搭用小银钱、铜钱。每银百元，须用中国上海规银七十（七八）两，方能兑换，分计甚微，统算则甚大。其印票用人面，如英国用佛头法。因制票虽工，而利之所在，难保人不捏假，惟人面难画工、撮影前后均出一手，尚难举似，故造币用之，纵有赝鼎，易于辨伪。据局长云，福州银圆局机器多伊代办，三年前有永福力孝廉钧者来此，至今尚随时通信，其铸银圆之法，则各省均已设局，大致相

票用人面以防伪造

25,11,5

同。铸金钱则中国不受镑价涨落之亏，似宜亟讲也。大阪山水明秀，街衢清洁，为全国之冠。是局临流结屋，花木楚楚有致，尤为大阪之冠。

大阪居留地中国商帮凡四：一北帮（天津、山东），一三江帮（上海、宁波），一广帮，一建帮（福州、厦门）。广帮因商景不佳，移至神户，留者只三帮。福州居货者仅六家，多城东水部人，不于海口而于内地者，以向与琉球通市，义不忍舍，出口鱼翅、鲍鱼、海参及各海菜，进口则茶纸为大宗，均由大阪雇民船渡海，五日至冲绳。近内地杂居，则往来自便矣。行货者，福清有五十馀人，携绸缎入内地买与女人为倭币者。北帮、三江帮，米、麦、豆为多，商业颇畅旺。夜间，有六乡人来谈。 大阪居留地中国商帮凡四

初六日　九点钟，由火车至神户，住西村旅店。旋上西京丸船。该埠有黑死病，即闽粤鼠瘟，日死十馀人，井户川云得参谋部电吾政府，要两日员到北京练兵，因问余二人在途已否登舟。 至神户上船

初七日　十点钟开轮，川崎造船所社长松方幸次郎来候，问福州船厂制船事。松方，大藏省大臣子也。

初八日　七点钟到马关。下午四点钟展轮，是日未登岸。晚雷雨。 到马关

初九日　雨，七点钟到长崎，晴。访乡人叶鹤皋，饮福聚楼，阅苏报，知李相简各国通商埠考察商务大臣。六点钟开船。

初十日　晨，风大。午后，读《陆军大学详说》。 抵沪

十一日　午十二点钟到沪。

日本学校总体情形

日本学校共二万八千四百五十三处，教官八万七千八百五十五人，学生四百十六万八千七百十七人。全国统算每百人内约有六十六人入学校者，卒业学生五十七万三千七百九十六人。

小学六年，六岁入学至十二岁。

中学五年，十三岁至十七岁。

预科三年，十八岁至二十岁。

大学校三年或四年，二十一岁至二十四岁。

沈翊清东游日记

人名索引

四画

五画

六画

八画

十二画

十三画

十四画

十五画

二十一画

周学熙东游日记□

光绪二十九年（1903）

三月初八日　由天津启程至烟台

三月十一日　入汉城

三月十六日　抵长崎口外停轮

三月十八日　至神户。参观日本各处

五月初六日　自日本返抵烟台

五月初九日　自烟台返抵天津

□ 据光绪二十九年（1903）初刊本

□ 朱发建校点

傅增湘序

语曰："百闻不如一见。"又曰："不习为吏，视已成事。"呜呼！觇国者何独不然哉。日本，我同洲邻国也。其种同，其文同，其变法之时代亦无不同。曾未数岁，而翘然自表，为亚洲先进国。是何兴之勃也！抑所改革而振奋者，固与吾异趋耶？吾国言富强旧矣！前十年喜言兵，近十年喜言学，举倾国之财以驰骛于东西人之议论，效未见而力已疲，是求富强而适得贫弱也。嗟夫！商业之不讲，工艺之不兴，利权失，漏卮巨，地产坐弃，游闲滋多，其求富强而得贫弱也，固宜。周缉之观察，余父执也，今春以考察钱币钞票诸制赴日本，积六旬乃归。归而告余曰："日本之兴也，其在工商乎。"且手日记一册示余。取而读之，所记录者多工商实业之事，凡东西京大校名厂，及数百里外之炭坑铁冶，无不躬历而目验之，于工商竞争关系，于国家盛衰之故，尤兢兢焉。盖深见夫彼国

商业不讲工艺不兴求富强而得贫弱

维新以来，骎骎焉进富强之域，实以是为本谋。而吾国拥广土众民，而日患贫弱者，不可不取鉴于此也。是可谓善觇人国矣。观察前承制使袁公之命，创办北洋银元局，三月而大具。近复令兼领工艺学堂及商品陈列所，方且日夕规画，将以得诸海外者次第敷设，为吾国之先导。然则读是编者，其犹操左卷也乎。癸卯六月，江安傅增湘谨序。

29,3,7

周学熙东游日记

三月初七　早九钟，由津携书记委员刘训导荫理（文园）、机器委员李都司祥光（炎卿）、匠目杨千总秀龙登火车。洋务局钱观察镠（少云）、官报局张观察孝谦（巽之）及其译员陈鹤洲，又钱君次子轶裴、张君族侄玮（儆宾）、小栗洋行唐茂隆皆同行。关道唐观察绍仪（少川），天津府凌太守福彭（润台），官报局颜观察世清（韵伯），本局会办张馨庵同年，日人顾问官佃一豫、藤井恒久、平贺精次郎，日商吉田房次郎、吴永寿、清水庄，日领事伊集院彦吉、翻译白须直均至车站送别，颜、吴并登车远送。十一钟，抵塘沽邮船公司，小憩。午后三钟，附小轮至沽外候潮，风雨大作。晚六钟，仍回塘沽，宿舟中。　光绪二十九年由津登火车　抵塘沽

初八　早五钟开出，七钟登大连丸（船量二千九百馀吨，日本邮船之大者，每钟行十三海里）。十钟，鼓轮　到烟台

东发，风平浪静。夜十二钟到烟台。

初九 早，登岸，晤招商局李载之，拜刘公祠，访日本领事水野辛吉、翻译堺与三吉。午后三钟，登舟，日领事来答拜，晚十钟开。

初十 早七钟，到青泥洼（即大连湾对面）登岸，
俄国车站 偕李炎卿访其戚谢某，导观俄国车站、电机厂铁屋，工未竣，长二百五十尺，宽百尺，闻费二十五万元。其船坞仅容二千吨舰，马路纵横，已成十数里，西式楼房二三百区，无同式者。谢赠街道图一幅。十二钟登舟，午后三钟开。夜大风。

十一 早，风定。岛屿络绎，午后三钟，抵朝鲜仁川
抵汉城 港（济物浦）。四钟五十分附火车，六钟三十五分入汉城，寓巴城馆日本旅店。往访许志云（台身）、星使、世叔、日本公使林某（汉仁间铁道五十馀华里，日本人所造，日往返六次）。

十二 早，许星使随员钱宾木率子钟溥（伯泉）来答拜。八钟，登使署楼，眺全城山势。九钟，乘电车至龙
观典圜局 山，观典圜局。熔化、碾片、烘洗、印花，日本人绾之。观造镍币，每枚号二戋五分，日八千两。朝鲜圜法，铜币每枚号五分。原定每金货一圆易铜币百，近加至百八十，亏帑甚巨。于是铸镍币，以一抵铜币五，稍取赢焉。然日本伪铸大充斥，虽严法不能禁，至今官民大困。十一钟五十分附火车，汉城总领事吴其藻来送别。一钟三十五分还抵仁川。仁汉间山川明秀，气候较津稍暖，日出早半时，

29,3,12

盖纬度偏东十馀度。草木皆发，杜鹃、迎春、山杏、丁香盛开，村舍风景似江南仲春时节。高原略种麦，下湿潴水为稻田，然沟洫无法，幸雨阳时若，岁获大稔。闻朝鲜米大半济日本，出口货为大宗，馀惟红参，岁值约二百万，皆中国人贩运，他国无取也。仁汉商务，华人数不及日人，而资本较厚，力尚相敌。汉京临汉江，山势回环。北高南下，城周十数里，电车绕东、南、西三门，日二十次，皇居数四无定所。市皆草舍，檐高碍眉，瓦屋十不得一，楼惟华洋商及各使署有之。运物男负女戴，服尚白，男子或加半臂，妇人上衣甚短，覆不及乳，出外多以绿衫蒙首，下至腰寡则反蒙之。佣妇以裙蒙首，幼则否。男童分两鬓，馀发结辫下垂，婚则束发加冠焉。民情朴陋，男惰女勤，家鲜盖藏。铁道、电报、航路、钞币，皆日本人经营，金矿德、美、法、日诸国分据之，美尤盛。是日，雾重未开。

仁汉商务华人数不及日人

十三　午后三钟展轮。

十四　早九钟到木浦。自仁川至此，舟行群岛中，航路甚狭。木浦依山为市，纵横里许，开埠才五年，日商千二百户，华商无几，故日独设领事。土货竹帘、白布无多，米豆大宗，岁十数万石输日本，每百斤价日金四圆，海关岁征税约五万两。日领事若松兔三郎（土垣）曾充杭州沙市领事，喜华友，同舟杉本君为介绍，因留饭。饭罢，其书记小池钟三郎复至舟送别。午后四钟开，东南行。

到木浦

日领事若松兔三郎

到釜山

十五　早，折东北行。十钟到釜山南，见对马岛，隐隐为日本海界。华领事徐学伊（立斋）静斋侍郎之弟偕译员李吉士海岸迎候。饭罢，游各租界。英、日有领事，俄设马山浦领事兼绾之（马山浦在西北，距旱路百四十里，水路小轮五六钟可到）。海参、牛皮、米豆出口大宗，日商及作铁路工逾万人，华商不满百。日租界马路修洁，电灯、自来水皆备。京釜铁道已开车三十里，车站近华租界，现正铲山填海，经营甚亟，闻三年内可达汉城。南山下有日本存煤厂，为水师计。盖日人有事，朝鲜水陆关键皆在此。午后，日领事偕立斋送至舟。四钟开，南行。

到长崎

观三菱公司造船所

访三井洋行

十六　早六钟，到长崎口外停轮，船主揭其国家禁令告客，是港口不准外人测绘及摄影等事。入国问禁，古礼也。医士来验讫，驶入税关前下碇。日本关制，凡行李无大小，皆须呈验，故旅客往来，无论乘小轮或舢板，均泊税关码头，无敢绕越者。八钟，三菱公司小轮渡观造船所，盐田泰介导观画图楼、翻砂、木样、熟铁、铆锅等厂，及船坞，写字房等处。规模宏备，机械极大，且最新式，为日本船厂之最。工匠五千人，能造六千吨艘。厂内设塾，学徒二百，教理数，二年毕业。入厂习工作，诚良法也。其西有数坞，时促，未及观。总理某赠全图一幅。茶罢，入市，访三井洋行。先是，天津该行吴永寿函属代理行主水谷六郎，适上海行御幡雅文亦是日至，能华语，且为吴戚，因留饮。东俗脱履入户，席地而坐，洗爵酬

29,3,17

酢，饶有古风。午后四钟归舟。五钟开（长崎山川秀丽，树木葱郁，市廛绿山层叠，略似香港，而路较狭）。是夜大雨。

十七　早五钟，到门司口。大风，候医士验讫。八钟入港，佃一豫自天津先一日至此，偕三井行翻译竹下又平、代理行总谷口武一郎迎候，遂舍舟遵陆。十钟，附火车，由门司到大藏，观八幡制铁所，长官陆军中将中村雄次郎赠报告一册，又一册属寄山东，导观熔铁、炼钢、拉钢等厂。创办甫二年，费金一千四百万圆，规模胜汉阳厂，而铁砂半由汉阳来。每一昼夜工分两班，月计四万工。熔铁炉两座，炼钢炉七座，现开一半，月可熔炼钢铁各六七千吨。五钟饭罢，火车回门司。大雨，衣履尽湿。小轮渡马关，晤大坂朝日新闻社安斋源一郎。晚乘山阳铁道火车，十一钟二十五分开。车中寝室、床幕、衾枕精洁，餐房食饮具备，每停车场皆覆长亭，无露处之苦。又有客室可小憩，几案列各种新报，别室设电话机，各埠皆可通语。行李有专司另车运送，旅客毋庸兼顾，逾百斤略收运费，无稍损失，人咸乐从。

至门司口

观八幡制铁所

十八　下午三钟二十分到神户。自马关至此，沿途车站六十八处，共三百六十英里，车行速率每钟三十英里。穿数山隧，暗如黑夜。车中遇三井矿伙牧田环，赠筑后三池炭矿报告一册。神户三井行主伊田、参事石田清直，又儿玉贞雄，自上海来，在车站迎候。住西村旅馆。是日，大连丸抵埠，正金银行安部成嘉、成田炼之助迎张、钱二

到神户

公，住东常盘旅馆。

十九　早，访中国领事蔡韵南、译员王绍贤，皆粤人。游神户商品陈列所，甫创立，工尚未完。午后，观川崎造船所，副社长川崎芳太郎导观。各厂全用电机，该厂三十年来逐渐扩充，至今规模大备，有铸钢炉，能容四吨。公司资本，川崎家十之九。全厂占地一千五百亩，新成一坞，底宽七十五尺，面宽百十尺，门上口九十尺，长四十二丈八尺，深二丈八尺，水二丈五尺，费金百七十五万圆，六年竣工，总办松方幸次郎为伯爵松方正义之子，与佃一豫交最厚。晚七钟，正金招饮商话别所，为华商聚会处。据蔡领事言，神户华商百馀家，千八百馀人，粤居多，闽、浙次之，有中华会馆，前年又设同文学校，教商家子弟云。

观川崎造船所

二十　早十钟，观兵库县署。知事某赠《县势一斑》，凡地亩、户口、度支、物产、学校、兵数悉载。署为回楼，书记、参事以及各课文书皆聚楼上，下正中前为正厅，备大朝贺及款上宾，大命令于此出之；后为议事厅，傍有会员室，非时用之；楼下四面为门，来者不禁，阍人当门横案坐以待事，故无隔阂。门外别设检查度量权衡所，凡民间所造，非经检验钤准，不得行用。日本通国各府县，皆设此所，其原器由农商务省颁发，仍不时调查之。午后一钟，观渊钟纺绩厂，即华市所售蓝鱼牌者，货最高。该厂两座合六万纱锭，每锭一日夜约纺纱一磅，女工四千人。该公司在日本总分厂十七处，共二十七万锭，

观兵库县署

午后观渊钟纺绩厂

29,3,20

为日本纺绩家第一。其纱两种，右振者十六号，左振者二十号。中国北地多销右振者。归途过北逆濑川町，观能福寺大佛，青铜身二丈八尺，仅及奈良大佛之半。三钟，游川崎氏园林，主人芳太郎收藏最富，导观美术馆第九回陈列品，如巨势金冈土佐探幽应举，日本诸名家真迹甚夥，中土珍品有宋徽宗画鸭、夏珪山水、马远梅花及秦汉铜镜、宋明磁，皆希世之宝。海外观此，眼福无量。晚七钟，主人偕松方幸次郎、松方五郎招饮中常盘，歌筵盛设，情意殷殷，席间多忠告之言，尤可感。 游川崎氏园林

二十一　早九钟，赴正金行，看一两重银元印花模，即去年托造币局代镌百副之一，纹字精致，远胜华工。午后，正金行成田、三井行清直同乘。二钟五十八分车，三钟五十一分到大坂，三井行关口精一自东京来，御幡雅文自长崎来，迎候。款居大信寺，大仓行今井多三郎来见。晚六钟，三井大坂代长冈野悌一及行东三井养之助招饮富田屋。 赴正金行

二十二　星期。午十二钟，火车赴安治川，观筑港工程，为日本从来未有之巨工。大坂海湾漫滩水浅，不利停泊，故商舶全集神户。一千八百九十七年，建议兴筑海塘，筹款二千万元，至今工未及半。塘亘海面十数里，潮足水深二十八英尺。将来塘成，神户商舶进趋大坂，市场一大转移。佃一豫之弟海军少佐山路一善偕登敷岛战斗舰，为日本海军中坚五舰之一。晤日高中将，纵观全舰格势，船量一万五千吨，长四十馀丈，速率二十三英里，舱 筑港工程日本巨工 参观敷岛战斗舰

面至底四层，上二层设炮位，下二层藏子药，共炮位二十馀尊，首尾两炮台，各巨炮二尊，转旋极灵，击远攻坚为最，想见海上冲锋陷阵之概。中国甲午之役所失平远、镇远，皆泊港内，相形利钝，不待战而决。晚九钟，谒蔡和甫星使。

二十三　早九钟，公服入博览会场，观日皇亲临开会式。因事务长误给末等凭照，在出品人之列，未获优待。十二钟归。午后三钟，山东何承焘观察（志霄）、姚鹏图大令、柳屏同年来晤。四钟，往访大坂朝日新闻社辰井梅吉、大坂每日新闻社中西淳亮，观铸字、造板、印刷各机，《朝日报》日印二十万张，《每日报》日印十馀万张，机器相仿，皆购自法国，每分钟二十转，每转四张，每点钟合四千八百张。房屋格式，朝日社较得宜。晚九钟，小栗行主小栗富治郎自东京来，偕众议院议员铃置仓次郎、安宅弥吉、水上广昌来晤。

博览会开会式

参观大坂朝日新闻社、每日新闻社

二十四　早九钟，成田偕往造币局，晤局长从四位勋三等长谷川为治，导观全局规模。其制分三部，总务部管文书课、地金课（出纳挂、计算挂）、用度课（调查挂、仓库挂、营缮挂、收支挂、杂务挂）、庶务课（监察挂、治疗挂），铸造部管熔解场、伸延场、极印场、雕刻场、制作场、试金部管试验场、精制场、精炼场。其工匠上、下工更衣，午饭自带，不出厂，规矩颇严肃。又观试验场，技师甲贺宜政化学验银法。十二钟半归。张稚方世兄（楷）自东京来。午后往三井物产会社，晤店长藤濑政次

造币局分为三部

规矩严肃

29,3,25

郎，观三井银行铁库，又观三井吴服店，锦绮缤纷，刺绣精巧，可略见日本俗尚。晚，大仓大坂支店主今井多三郎、井出正三及大仓皮革制造所式村茂来见。

二十五　早九钟，小栗行夥偕往住友伸铜场，支配人庵地保导观熔化、碾片、撞饼、烘摇洗各法，大致与我局相同，惟器较利。熔炉方口，仅容七十号罐，每十钟熔六罐，每罐一千六百两，用焦炭七十五磅，倾板十四条，倾时用稻草饼覆罐，较麦麸为便。其铜匣宽三寸八分、厚四分半。撞饼机连三并撞，每分钟八十馀下。其碾轴长尺八至三尺。烘饼用小铜盆，有盖，上覆湿煤末，视盆红，即出，渍冷贮铜篮，置硫镪水中（以三十五至三十八度合宜），片刻提起，用清水喷冲，用大毛刷揉擦净，又入梳达水洗过（百分之五梳达），再入清水洗净，即现金色，然后入摇桶。又观倾铜砖、拉铜条、切铜板各法。十二钟，在赛会场午饭罢，同附南海铁道火车，至堺市寺地町观硫酸晒粉会社，山家新三郎导观焚矿炉。用硫磺铁矿入炉烧过，铁砂落下，其硫气上腾入隧道，加以硝石，过入第一铅室，成五十度，转第二至第三铅室，成四十六度止，再流入磁盆暗炕中，经二十馀盆后成六十五度，即为磺镪水，日人谓之硫酸，其浊者和铁熬成绿矾。其制粉之法，用食盐、满俺、硫酸三种配合为盐素，再加石灰即成晒粉，洁白，为染布之用。该社成本二十万圆，每昼夜能成硫酸四万五千磅，成晒粉五千磅，开办五年，颇获利。晚观水族馆。五钟，火车回赛会场，观夜景。九钟，

参观住友伸铜场

“梳达”即“苏打”

硫酸晒粉会社

“满俺”即“二氧化锰”

归寓。

二十六　早九钟，往造币局。技师山县修导观金银币之熔解场、伸延场。法由地金课配准罐数交来，其熔金用六十号坩埚，熔银用二百号埚，置炉内不动，另以小罐挹注新坩埚，先烘一日，后入微火渐烧红，再用可经二十三火。坩埚上有套圈，中贮木炭，下焦炭时，有盖以覆埚面，取洁净也。其碾片机新法细片，只动一轴杆，一轴随转，最得平行线，金银片第一次净碾后，烤火再碾第二次，轴上蘸油以润之，至第三次成片，居中取一饼过秤，重则再碾，轻则将撞光模放松一线以剂之。下午二钟，往三菱精炼所，观电气化铜分金银法。其熔铜用砖铁大炉，每十钟熔五万斤，其镪水电槽五百八十具，杂铜板纳入，另以净铜片间之三十日。其中铜质附净铜片，金银沉落底盘如泥，取出再过硫酸熔块，用布袋悬镪水中，以净银片间之，有梳往复推荡，银化落水，金留布袋，六日间可尽，再分别熔炼，以型范之。大约杂铜矿佳者，中得银百分之五，金千分之一。现该所每月约提银二吨、金千数百两。所分铜质尤净，多售欧洲。据云，电分为世界最新法。四钟，往岛田硝子工场，观作玻璃器物法。熔料用煤气，火力热度最大，其炉工程甚巨，馀事尚无大难。配色用化学，磨花用女工。五钟，往水道水源地，观潴水池，两区各百数十亩，吸河水注之，以时消息。水清澄二十四钟，稍浊则澄三十六钟，再放进。现抽水机四副，每昼夜抽水一千四百万立方尺，足供八九十万人，其水性卫生所

金银币之熔解场

电气化铜分金银法

电分为世界最新法

29,3,27

医士常验之。晚六钟归。

二十七　早八钟半，往造币局。山县修导观极印场烘洗、过秤、印花法。金元用长方铁盒，双重铁盖，以土和火泥封固入炉。银则用长方铁盒，一层盖，不封即入炉，烘透取出，用硫酸三度洗后烘干，不经摇桶。其未烘之前，金元先用洋胰水洗去油腻，置盘焙干，银则直烘不先洗。各印花机旁备热盘，隔番布，将元饼炕热再印花，不伤模。又置小车床、磨刀石及磨模机各一，以备修理各事。自熔解以至烘洗，各场有秤，彼此均按分量交接，其边屑互计统报，及焙干后始过数，又一一过自动秤量机，轻者重毁，重则有机略磋之，皆准送部长覆秤，然后付印花。印成又秤，前后合符，即送地金课核收。又观精制场，系取杂金银而分提之，用镪水化分，较三菱电分法稍繁重。精炼场系取废弃土屑而重提之，用机碾末，过水溜澄，取金银，再熔炼。又观制作场，系修机等事，车刨钻及生铁炉俱全，凡银元小机器皆可自制。雕刻场系刻模工作，其法以祖模压子模，子模坯中央甚高，屡压屡烧，凡五六次，始起手雕刻。烧法用铁罐盛骨灰，以模数枚，疏贮之不令相傍，覆以铁盖，入炉烧透，取出，候冷一日，方启罐，至刻成后再烧，溅水用盐镪洗之。此模金、银可印五六万，铜可印三万，凡模座矮者耐久。局长长谷川允我派工徒来学刻模。又言，凡银元机，有作山专吉者善制之。午后一钟归。二钟往大坂铁工所，所主范多龟太郎、支配人三好光三郎导观新式浅水小轮一艘，载五十人，长

造币局极印场

各场有秤按量交接

局长允我派工徒来学刻模

五丈，宽一丈，马力八十四，吃水一尺四寸，轮叶三，藏船底，前后参差列之，柁二、夹船尾。价金万圆。又造湖南、洞庭航船二艘，长二十丈，宽四丈，载九百吨，吃水四尺，速率十英里，价金万五至二万圆。又观阿部造纸厂，料以篮缕为多，腐料约六钟，料融后，滤纸、烘干、裁方、打捆约二钟，统计不过八钟，可谓速矣。每日夜成纸五万磅，其粉连纸蓬莱牌，销售天津最多。又观金巾纺绩所，其织布机八百六具，英制五百具，美制三百六具，每具每日夜可织布八十码（一码，中尺二尺四寸。除打包外，全用女工）。六钟归。

新式浅水小轮

二十八　早九钟，火车赴博览会场，观机械馆，有原动力电机，凡纺织、制茶等机，皆演使人观。奥国、美国别馆，各陈其本国出品。通运馆陈轮车、铁路、船舶之类；工业馆陈本国各种器物，中以漆货、磁货、七宝烧为最，冷藏室有制冰机，藏鱼鲜水果之类；教育馆凡学校用品陈之。晚六钟归，小栗行吉田房二郎自津来见。是晚，朝日新闻社西村时彦及内藤虎次郎招饮，未赴。

博览会场

二十九　早八钟，日本外务部小村俊三郎属岩村成允来晤。九钟，往高岛吴服店，观绣画，为日本精技。即赴会场，观工业馆，参考馆，陈各国出品，中国占地甚少，出品难制胜。美术馆，凡雕刻绘画类陈之。书画俱乐部，当时书画家咸集于此。晚六钟归。八钟，访山东何、姚二公，九钟归寓。是日午，张、钱二公赴西京。

博览会中国占地少

四月初一　早九钟，赴西京饭田吴服店，观京都名

29,4,1

织，山水、花卉、禽鸟，无不精美。闻画本皆出自名手，往往费数百金润笔以求之，绣工之贵犹其次也。午后一钟回。三钟二刻，火车赴住吉，谒前大藏大臣、伯爵松方正义，为日本维新财政名家。六钟车回，七钟到大坂。松方言：中国能理财政，为世界第一强国。又言：补助货应按户口计数，不可多，多则易与正位金相逐，且易启伪造之弊，日本补助货现每人仅合四元云。

拜访日本维新财政名家松方正义

初二　微雨。午后一钟五十五分车赴奈良，四钟到，住菊水楼旅馆。游春日神社、二月堂、东大寺各名胜，山色酷似赵大年青绿画法，苍松翠柏，高入云霄，紫藤杜鹃，灿若锦绣，灵刹浮图，皆千馀年结构，烟雨中惟闻钟声泉响，绝无凡籁相杂，游鹿满原，喜迎客至，如入仙境。

初三　早七钟，观大佛寺，铜佛高五丈馀，梵宫庄严，为各寺之冠。又观学校教育品展览会，各科实绩、仪器及学徒服物皆列之。十一钟十二分登车。夹道竹林茶圃，时正采茶，以苇箔护覆之，防风日，中国茶无此养法。午后一钟五分，到西京。二钟，冒雨游知恩院平安神社，殿宇宏壮，为国家所建，其神最尊云。观京都物产陈列所，凡日用所需器皿甚精，价甚廉。晚七钟归，八钟登车，宿此车，为官路行最速且稳，前后两汽机车，每钟行三十八英里。

中国茶无此养法

初四　早七钟，过富士山麓，连穿七隧，九钟三十分到东京新桥停车场。大仓行东大仓喜八郎属参事小林安之助、主任福田九六、译人橘三郎备马车迎候，寓水明馆。

初五　早九钟，横滨正金行总理相马永胤带副总理三崎龟之助片来见。午后半钟，往大藏省晤总务长官坂谷芳郎，赠明治三十六年岁出岁入总预算一部，其全国入款至二亿五千三百馀万，出款二亿四千三百馀万，相抵尚存一千万。导观理财、主计、专卖等课，日本全国烟草及台湾樟脑、阿片三宗为国家专卖，其烟草一宗，全国设二十局，分卖百数十处，岁用经费一百五六十万，获利一千一二百万，实进款一大宗。往外务省，小村大臣事冗，小村俊三郎他出，皆未晤。往访蔡和甫星使，又往大藏省官舍谒曾祢荒、助大臣，过皇居二重桥，往大仓组晤头取高岛。六钟归。

烟草专卖获利多

大仓商业学校

初六　早八钟，往观大仓商业学校，督长赠规则一本。该校创办二年，现预科学生一百数十名，皆高等小学校二学年者；本科学生一百数十名，皆中学校第二学年及高等小学校四年卒业者，年龄十二至十八。预科课以修身、读书、习字、作文、算术、历史、地理、理科、图画、英语、体操，二年卒业。本科课以修身、读书、习字、作文、数学、地理、历史、外国语、经济、法规、簿记、商品、商事要项、商业实践、体操，四年卒业。另附夜学专修科，以教寒家子弟昼为佣工、不得入塾者，课以读书、习字、作文、算术、外国语、簿记、商事要项、经济、商品、商工、地理、法律，二年卒业。其开办，购地二万金，建屋七万金，置物一万金，共十万金。常年经费

29,4,6

以四十万金分存两银行，生息岁约二万金，此皆大仓喜八郎所独捐。盖八郎徒手起家，不数十年，致富数百万，而能栽培后生、体恤寒畯若此，其胸襟非寻常人所能及，可钦佩也。十一钟，往大仓家晤喜八郎，导观博物馆，家藏释氏肖像最多，他如古代铜器及雕漆等件，皆珍品。闻其祖常有功德川氏，故所得于当时者为多。款留午饭。三钟往上野芝公园，观德川氏园寝，栋宇金辉，俨然王制。入护国院，观德川氏历代所传甲胄刀剑战鼓等物，想见当年专制气象。五钟，过红叶馆小憩，七钟归。是日，钱、张二公自西京来，寓三井旧银行，往访之，九钟归。

八郎独捐胸襟非常可钦佩也

钱张二公自西京来

初七　星期。早九钟，往访钱、张二公，晤三井行伙小泉吉彦、关菊磨、关口精，一同游上野公园，观帝室博物馆。凡内府所藏珍物，悉胪列之，以公众好，多唐代墨迹经帙。又观动物园，熊虎狮象皆备，又甲午中东之役阵亡某将所乘马及辽东所获橐驼驴马等，悉置此，标其事实始末，以示不忘，良足以使人兴起。日本凡工商事业所以鼓舞人心者，多用此法。午后二钟，在精养轩饭罢，观商品陈列所，五钟归。

初八　早十钟，往日本银行，秘书役土方久徵、出纳长中山尚之赠明治三十五年营业报告及第四十一回半季报告，导观地库。闻工程费五六十万金，纵横数间，隧道通连，四壁缸砖，联以铁栋，运动皆铁轨，升降有机关，别室备汽机以送温气，电机以扇风，盖隧下郁湿无风，则货币钞票色易败也。门列数锁，钥付总裁与出纳长分绾，有

日本银行地库

一不至，不能独启。日本全国钞票由该行一家发行，民间各银行不准自出票。其票贵新不贵旧，故发行所日日搜求废票而销毁之。女工百数十人，皆小学校卒业者，专司其事。凡挑选、钻孔、对号、核数，五六易手，然后报大藏省派员，会同监视，入炉加封，次日省员复临启验覆，报大藏省，甚慎重也。十二钟午饭，二钟到印刷局，局长得能通昌导观。活版部，凡官报书籍之编辑、铸版、排印等事隶之；印刷部，凡钞票、邮票、印花票、股票、债票之绘画、摄影、雕刻、电镀、刷版等事隶之，刷版第一室、凹版第二室、凸版第三室，配合颜料，又别室专制朱。凡印刷部所成之件，皆付调查课挑选、过数、裁边、编号、刷胶、包封，五六易手，然后报整理课存库，拣查处覆核，并通报局长察核。其承发外件皆整理课绾之，采办各项及一切杂事，有庶务课绾之。出入款目，有会计课绾之。本局作工二千人，女占七八，其制纸所另设工一千人。每晨七钟开工，十一钟半止工，午饭自带，不出厂，十二钟开工，五钟放工。工有官衣，各缀姓名，其更衣、沐浴皆在厂内，男、女工出入，各分甬道，覆以长廊直达工所，全局数千人，上下工时，院中不见一人。据云：日本凡民家工厂，男女工皆取寻常小学校卒业者；官设工厂，男女工皆取高等小学校卒业者，故人皆守分，厂规严肃。得能君父子两世在局三十馀年，亲赴欧美两次考察数年，阅历最深，其言世界各国各有专长，如意大利之刻像，俄之调黑色，德之套彩，英之纸料，暗花当博采兼师

其票贵新不贵旧

印刷局

日本工厂男女工皆小学卒业

29,4,8

中国楷书，亦非他国所能及，若就所专长而益精之，则他国不能仿造。至防伪之法，莫善于刻名人真像，凡花纹皆可摹拟，惟人之神彩，无论如何妙手，一经翻刻，即失其真。且使妇孺皆能识别真伪，故必取名人真像，此各国货币钞票所以喜列人面者。盖几经体察始得此秘，而非徒为美观已也。又言勿图近功，初创一事，非十数年经营不能尽善，如日本曾用意大利雕刻师，十五年然后尽得其妙，若三五年而弃之，安有今日。又言筑室道谋必贻后悔，如日本初办印刷局，强雕刻师使绘房图，屋既成后，经工程师指为旅店，不合工厂格式，至今传为笑柄。当维新之始，事多类然，不独此也。愿中国事事各就专家通人讨论，勿蹈此辙。得能君为人忠直，故所言真挚如此。该局开办至今三十年，成本五百万圆，现每岁额支三十六万圆，大藏省入预算表为经常费。五钟茶罢归，小栗行吉田偕行主小栗富治郎招饮。十钟回寓。

刻名人像以防伪

日本初办强绘房图传为笑柄

初九　早八钟半，到印刷局，技师内田万次郎导观印刷部工作情形，十二钟归。午后一钟半，往高等商业学校，校长法学博士松崎藏之助赠商业学校一览华、英文各一册，导观各教室及本校商品陈列所。其学：预科一年，教以商业道德、书法、作文、数学、簿记、应用物理学、应用化学、法学通论、英语、法西德意清俄韩七国语之一、体操；本科三年，教以商业道德、商业文、商业算术、商业地理、商业历史、簿记、机械工学、商品学、经济学、财政学、统计学、民法、商法、国际法、英语、法

高等商业学校

西德意清俄韩七国语之一、商业学、商业实践、体操；专修科二年，分七目，贸易科、银行科、取引所科、交通科、保险科、商事经理科、领事科，教以经济学、民法、商法并比较商法、国际法、国法学、东洋经济事情、近时外交史、刑法、英文、第二外国语。陈列所分四部，一工艺品，二农产及水产，三矿业品，四铁器机械及建筑材料。又附设商业教员养成所，取师范学校、中学校、商业学校卒业生，由地方长官推荐，年龄十七岁以上，试其程度、验其体格皆合，然后教以伦理、商业作文、商业算术、商业地理、商业历史、簿记、商品经济学、商业学、商法、商业实践、英语、教育学、教授法、体操，二年卒业。该校所揭学徒心得十五条，皆举德性身体之大要，而第一条宗旨在立身报国，尤郑重言之。三钟半，往三井行晤行主三井八郎、次郎及理事诸人，导观地库，规模较日本行稍小，而楼屋宏敞过之，该行聚银行、物产、矿山三店在一处，鸠工六年，费一百廿馀万金，其发电扇风送暖机械略同日本银行。五钟归。六钟，横滨正金行副头取三崎龟之助偕宫川久次郎、户次兵吉及东京支店川岛忠之助招饮，十一钟归。

学徒心得十五条

初十　早九钟半，附上野火车，十钟二十分到王子，观印刷局附属抄纸部。其新机每分钟成纸三百六十尺，而钞票各纸人工为多。纸料以山桠树皮为最，次则柳皮、稻草，皆佳，篮缕更次之。局长令演习火警，全厂男女工千人，闻警号，二分钟之内齐到前院，各依旗帜序立。其救

局长令演习火警

29,4,10

火各事，别有专司，先用人力唧筒，五分钟后有煤油机唧筒，水喷甚涌。医士备药饵各具以待救伤者。火熄号响，男女工各结队行回场工作，始终整肃，毫无仓黄乱杂之象。全厂用水最多，每钟需水六十吨，其滤水池略似大坂水源地办法。午后二钟茶罢，往制绒会社，大仓伙福田为介绍，社长宫部久常役、取缔役田村正宽及伙加藤斌导观。各机械与纺织机相仿，所制日本海陆军用为多，价廉质坚耐久，其专长也。赠广告一纸，并呈各货样本。五钟，火车回，二十分到上野归寓。晚八钟，往乐善堂观岸田吟香所译汉文图书，如地球仪、《中外方舆全图》、《万国舆图志略》及《支那疆域沿革图说》等，颇便华塾教科。 制绒会社

十一 早九钟，往女子高等师范学校，校长高岭秀夫导观各教室。其学分三科：一曰文科，习伦理、教育学、国语、汉文、外国语、历史、地理、家事、体操、习字、图画、音乐；一曰理科，习伦理、教育学、国语、外国语、地学、数学、物理、化学、博物、家事、图画、体操、习字、音乐；一曰技艺科，习伦理、教育学、国语、外国语、家事、习字、图画、体操、音乐。其课程各视所专习而加详焉，皆四年卒业。其国语、汉文与地理、历史及家事三者，又各有专修科。其附属高等女学校，为本校生徒练习女子高等普通教育方法，课程习修身、国语、外国语、历史、地理、数学、理科、图画、家事、裁缝、音乐、体操。 女子高等师范学校

附属小学科分三部

又：教育一事，愿习者听。其附属小学校，为本校生徒练习普通教育方法，教科分三部：第一部六学级，第二部八学级，寻常科皆教以修身、国语、算术、体操、图画、唱歌、裁缝，高等者益以日本历史、地理、理科三事；第三部一学级，教以修身、国语、算术、体操、唱歌、裁缝（手工）。又附属幼稚园，为研究练习幼儿保育方法，其保育课目为游嬉、唱歌、谈话、手技四事，年龄满三岁以上，课时每日约以四钟为限，洵蒙养善法，校长赠一览录及规则摘要。十二钟出午饭，罢，往高等师范学校，新移校舍尚未竣工，教授小泉又一导观各教室及理化科各实验室。其学预科一年，习伦理、国语、汉文、英语、论理学、数学、音乐、体操；本科三年，第一部习伦理、教育学、心理学、国语、汉文、英语、德语或法语、历史、哲学、言语学、生物学、生理学、体操为正课，外法制经济、音乐二事为附课，随意习之；第二部正课无国语、汉文、德法语、言语学、生理学，馀同第一部而益以地理、法制经济，其附课为国语、汉文、德语、音乐；第三部正课首三事同前，馀为数学、物理学、化学、哲学、英语、图画、手工、体操，其附课为德语、生物学、音乐、英语；第四部正课首三事亦同前，馀为植物学、动物学、生理学、矿物学、地学、农学、哲学、英语、图画、体操，其附课为化学、德语、音乐、英语。又研究科一年，习伦理学、教育学、教育制度、行政法、社会学、哲学、美学、实验心理学、学校卫生、专科教育、儿童研

高等师范各科科目

29,4,12

究、教育演习。其附属中学校课程略同高等女学校，而以博物、物理及化学、法制及经济，易家事、裁缝、理科三事。其附属小学校课程，与女子高等师范学校所属小学校略同。赠一览录五种归。是日午，张、钱二公赴日光。

十二　早八钟，往东京府立师范学校，校长泷泽菊太郎导观各教室。其预科一年，习修身、国语、英语、算术、图画、音乐、体操；本科分四学年，习修身、教育、国语、汉文、历史、地理、数学、物理、化学、博物、习字、图画、音乐、体操、外国语、手工（竹木金土各工皆备）。又附属小学校，其小学校教员讲习科分甲乙二种，乙种程度为师范学校简易科，习修身、教育、国语、算术、历史、地理、理科、体操，期限六个月以上，一年以下。中国欲求速成师范，当于此取法。赠一览录，内载学校管理法独详，如清洁方法及教室采光换气诸法，多可取。午过佃一豫家，饭罢，四钟归。

东京府立师范学校

十三　早十钟，往商船学校，校长海军大尉大家录四郎导观各教室、实验室、大会式场、会议室、寄宿舍（仿轮船统舱式）、自修室、练船。其学分航海、机关二科。航海科课程：第六级习运用术、法律、技业、商业地理、物理学、化学、数学、外国语、国语及汉文、兵式体操；第五级益以航海术，馀同前；第四级习航海术、运用术、水路测量术、海上气象学、法律、造船学、技业。机关术大意、物理学、船内卫生法、数学、外国语、兵式体操；第三级以救急医术易船内卫生法，又益以经济学，馀

商船学校

同；第四级、第二级习航海术、运用术、海上气象学、法律、造船学、技业、机关术大意、经济、外国语、兵式体操。以上均在本校习，每级六个月，第一级在海军炮术练习所，习炮术六个月，在航海船课航海实习二年六个月，共计五年六个月卒业。机关科课程：第五级习汽机术、汽罐术、制图、技业、力学、物理学、化学、数学、外国语、国语及汉文、兵式体操；第四级习同前；第三级无物理学、化学、国语及汉文，而益以电气工学，馀同前；第二级又以救急医术易力学，馀同；第三级以上均在本校习，每级六个月；第一级入机关工场，课工术实习二年，在汽船课机关运转实习一年，共计五年卒业。现学生七百馀名。赠一览录。午后一钟，往三菱主人岩崎男爵别墅，饭罢游园林，极幽邃，东西式屋，颇占林泉之胜。四钟，往观东京制钢会社，购外国钢条入炉烘透，以机器拉细，再以机旋纽先成小缆，后合为大缆，闻较外洋缆价廉三之一，该社创办未久，力追西制，每月成钢缆四十吨。赠广告一本。六钟归，移寓青柳楼。

参观东京制钢会社

十四 星期，早八钟半火车，九钟四十分到横滨，晤益丰号曾卓轩、广荣昌方瑞轩，观中华会馆。午聘珍楼饭罢，游公园。横滨华商男妇约四千人，公立大同、中华两学校，据云商况今不如昔。方氏有子庆周，在东京小石川同心町十二番地师范学校肄业，闻天资聪颖，日人颇器重之。访张庚三领事，六钟，曾卓轩留饮。九钟十分车回，十钟二十分到东京。

横滨中华会馆

商况今不如昔

29,4,15

十五　早九钟，往印刷局，晤局长，访询开办印刷次第章法，另册记之。赠全图，工厂人数、机械马力及学校人数、今昔比较图表，劝立火警操演法。是日，收大坂造币局山县修寄《币制论》一本，其意以金本位为宗旨，而恐中国未便骤行，因拟金一银三十七五之比例铸贸易银，以为过渡法。甲贺博士评之，谓此金、银两本位之法，只可行于限制颁发额数之国，既铸贸易银，只准民间随意按其行情而受付，即不必酌定颁发之数亦可，但国家收取该银之额不可不设限制云。午十二钟归。饭后二钟，往访江苏委员徐同人大令、四川委员方和斋刺史，五钟归。六钟赴大藏官舍，曾祢大臣招饮，中国副税司裴式楷与厦门海关帮办黑泽礼吉及大藏各员同席，九钟归。徐同人、王惕斋来晤。 币制论

十六　早八钟，往成城学校。北洋委员赵理泰偕干事曾我千三郎、田村松之助导观各教室。为中国学生一百七十人所特设，不与日本学生相杂，北洋学生五十馀人列第四、五班，颇守校规，今年六月可入练队。十一钟归，午饭后一钟，偕佃一豫成田往农商务省，阅天平法码，其原器白金圆锭一千格林，玻璃双罩，藏铁柜中；另有副原器铜镀金，自五贯至一厘，置室中，玻璃单罩，为常用之件。其所考中国库秤差数照录于左： 成城学校

（编者按：此处原书录有以户部所备法码查验光绪二十一年中国库称差数一表，分别甲乙丙丁四项，较为混乱，今删去。作者最后总结说）均平以上甲乙丙丁四项，

则一两合日本九钱九九五七。由是观之，以日量十钱为库平一两，相差仅十万分之四三，似亦无碍云。

四钟归，六钟往晤陈梦陶参议，九钟归寓。

那琴轩尚书

十七　早九钟，往谒那琴轩尚书，十一钟归午饭。十二钟，上野火车北行，五钟至宇都宫，换车西行。地渐高，土黑色，多松，山深林密，颇似皖南景象。六钟，到日光，遇雨，宿静晖馆神山旅舍。

乘驾笼登山

十八　早九钟，冒雨乘驾笼（一竹篮，拳卧其中贯以木杠，二人肩之），西行十二里，登山，崎岖九折，磴道盘空。闻去夏雨水为百馀年所未有，道被冲塌，至今未修复。云岭最高处离海面四千尺，升降约十五六里，逾岭距足尾矿山尚二十许里，该矿铜件及木质焦炭等项，皆从空飞渡。其法架木衔轮，以钢缆回环引伸，缩物其上，自为输送。法固妙，而所费不赀。机用水力激动，可省煤，及落平地，始由马力轨车接运。该矿伙八木芳彦备车在山下迎候，五钟，抵足尾町和泉屋旅馆，往晤工学士大坪一郎，导观西新坑大通洞口电车出入处。据云：新坑作工千人，日采矿石数十车，每车半吨，老坑作工二千馀人，日采矿石三百车，新旧坑每日采矿二百馀吨。其佳者得铜百之十二三，最次仅得百之二三，通计每日炼得净铜一百万斤。执事七八百人，常年经费需三百万元。又言：凡铜矿至少须得百分之八以上，始可开办，其最佳者或至百之四十，然不易见。又言：铜矿分三种，酸化铜最省工，次则硫化铜，先烧去硫质始入炼，最下为硫铁铜，难化分。又

新坑老坑采矿概况

29,4,19

言：该矿系立线六七十度，旧坑顺推平硐，新坑横穿平硐，大抵苗旺层多宜横穿，先费巨工，后却省力也。

十九　早晴，霁。八钟，八木君备车同往东山本矿观工作课，为机械修理厂原动所，为电机发动处，皆水力机。过古河桥，至本山，晤代理矿长小田川全之，导观撰矿所、制炼所。矿石出坑，先经撰矿所过磅，入筛分别粗细，质美块大者摊布上，用女工拣去杂石。其碎者经机器水槽五六次以荡涤泥沙，既净，同灰石焦炭入炉熔第一次，杂质销化，铜质流出尚不过百分之三十至四十，再入炉熔第二次，烧以木炭，用风力扇之，然后为纯铜，实得百分之九八四五，范成砖式发售。据云：该矿质含硫最多，约百分之二十五，制炼时烟气熏灼，近矿之山草木皆枯，故设脱硫塔以救之，列烟突四五，以次渐高，顶贮灰水下渗，以化烟中硫毒，既尽，始出之。又撰矿所涤矿水中含硫质流毒，为居民害，因潴池五六，置石灰以沉淀之，再过沙滤其毒，消尽，始放入河。此皆明治三十年国家所命令也。十二钟半午饭，坑部课长工学士菅田蘩与小田君八木君同座，赠矿山图画一本，矿毒预防工事一本，矿图一幅。三钟，小田同乘车，携灯入坑口，道甚坦，洞高一丈或八尺，最低处约五尺，宽丈馀，以木撑顶，壁多石，甚固。自东而西，中央约高百尺，行六里。三钟半，达小泷坑口，复见天日。据言：此坑道上采十八层，下采七层，每层相距六十尺，其铜穴无数。坑道中水不多，皆流至南面大通洞新坑口出。该矿面积一百七十七万八千五

用女工拣杂石

矿水含毒过滤入河

百十三坪，东为本山，西为小泷，南为大通洞，计三路采掘。晤小泷撰矿所近江益三，导观撰矿机及沉淀池、滤过池，法与本山相同，该坑所采撰净后，仍东送本山制炼。五钟，乘马力轨车自小泷西折而南，一路山峡险峭，跨壑为桥，下临深涧。自有矿厂，人民始居聚，往往依山为市，百货皆备。行六七里，还抵足尾町旅舍。该矿山有泉，含丹矾，潴以木槽，置废铁其中，一日间铁上结铜霜，女工湔取之熔可得铜百之五十，得自然之利甚厚。

依山为市百货皆备

二十　早八钟，乘马力轨车东归，八木送。十钟，至二十里外，换驾笼渡岭。一钟，达山外旅店午饭，乘人力车北行，探日光西境。山势峭拔，回旋而上，半腰中茶屋有巨磁石载一小塔，稍憩，又行十里至山巅。过太平坂，宽广数百亩，西南断壑有华严泷，悬崖倒泻七十丈，如雪练下，激湍石散，若烟雾。日光瀑布二十馀处，以此为最。西北入中禅寺，山口豁然一片，波光万顷，名辛湖，东西十二三里，南北六七里，四围峰峦如城郭，不知已在崇山之上。日暮，风大作，不得泛舟，因步湖畔至极西，土人言水最深处约七十丈云。湖之北为二荒山，更高数百尺，积雪与白云一色，闻至六月始消，每七月神会，登拜者以万计。晚六钟，宿米屋旅馆。入夜，风狂，楼屋为撼，衾冷如铁，竟不成寐。

日光西境

辛湖

二十一　星期。早五钟下山，十钟到日光本境，山麓无峻坂，松桧夹道，士女如织。游东照宫，为德川氏第一世园寝，壮丽较东京上野过之。又观轮王寺，想轮塔一铜

士女如织

29,4,22

柱上出数枝，各缀以铃。又观二荒神社大猷庙，为德川第三世园寝，规模稍逊。十二钟，旋日光町神山德平旅馆。午后三钟火车，九钟半抵东京，寓青柳楼。

二十二　早十钟，往印刷局，访询开办约估经费。第一年拟造钞票一千三百四十四万枚，邮票印花票四万四千八百万枚。凡房屋机器为开办经费，约需日金五十万圆；人工材料为常年经费，约需十六万圆，纸价约需十五万圆，此两项须筹三分之一约常年十万圆，始足资周转。第二年再推广邮信片、债票、股票及各项石印，应添机器四万圆，人工材料略加无几，细单另录之。十二钟归。饭后二钟，访留学生金伯屏，未值，晤方孝远昆仲、和斋同年，极言吾皖各县宜派师范生来日肄业，为小学堂基础。赴清国留学生会馆，晤张肇桐（叶侯），捐金百圆。七钟归，九钟，方孝远偕洪竹荪（熔）来晤。洪，芜湖人，留学高等工业学校机械科，明年可卒业，志欲提倡本省工艺，开学堂，人颇稳定，赠同乡会公启数册，捐金百圆。

印刷局访询开办约估经费

二十三　早九钟，刺贺商会长尾崎正若来见，呈印刷机器图数册。午后半钟，往印刷局按单覆看各机器。技手广濑钟太郎颇娴机事，晤局长，允代拟厂屋图，并言该局工匠以至员司薪俸均按三分之一扣成银行生息，非大故及去职不得取用。又言该匠由高等小学校卒业，验其文凭并取保二人，至少须一有实业及有家产者具保方可收录，故能三千人整肃一心。如此等章程须立于开办之始，较易遵守云。六钟归。

刺贺商会长呈印刷机器图

印刷局员工薪俸按三分之一扣成银行生息

二十四　早九钟，往大仓行辞行。十钟，往印刷局，局长纵观日本初办印刷各种书画，套彩极精。又观各国票式，如意大利、俄、英、法、美，皆有所擅长。法之纸系黑暗花，且为肖像，有神彩，易识；日本票纸亦用黑暗花，惟官家制之，禁民间私造。其制法，捞纸时筛上起花疏其纹，使纸料稍薄，则见白花；若使其纹外疏中密，则花处独厚，转为黑色，其妙巧更从浓淡处见。枝惟熟，故能精也。十二钟，留饮，畅谈工匠约束驾驭之法，谓宜全家并用，使其心无外骛；又言执事者宜久任，自然工匠易受约束，此皆阅历语。其男女工界限极严，在工除公事外，不准交语，下工除至戚不准相往来，女工在场不准独行，必须二人结伴，此尤防微杜渐之法。二钟回寓，晤佃一豫，商订守谷定吉制天秤一架，秤量照日本十五贯，约合华量一千五百两，其感量一厘。守谷为日本衡器制作家第一，农商务省凡颁各府县器，皆守谷所制。三钟，访蔡星使话别。四钟半归，江苏刘聚卿观察同汪某来晤。五钟半赴车站，六钟开。

工匠约束驾驭之法

男女工界限极严

二十五　早五钟半，过琵琶湖畔，渔舟荡漾，烟波中望金龟城，小山葱翠欲滴，却忆“欸乃一声山水绿”之句。八钟半到大坂，藤井恒久偕佐竹令信在车站迎候，遂同往该寓，谈及工艺学堂购机器、延教习匠目事，惟所交凌润台太守函仅托买物事。十一钟，往大信寺，晤工艺局会办张印之同年。午后一钟，藤井偕往炮兵工厂，陆军大佐川谷致秀、大尉泽田男也导观各工场，赠炮式图说一

琵琶湖

炮兵工厂

29,4,25

本。工匠共三千五六百人，常年经费约六百万圆，能造二十七珊米巨炮，口径九寸五厘五，身长二十七尺三寸九，为海岸炮台所用最大者；野炮次之，身长七尺二六；山炮又次之，身长三尺三寸，口径皆二寸四分有奇。晚六钟，归寓高丽馆。

二十六　早九钟，藤井同乘火车往吹田大坂麦酒会社，事务长武内常太郎同工学士日比孝一、土肥百之导观。各机械德国居多，创办十年，初雇三德人，嗣派二人至德学习，二年归，现仅用一德人。成本一百万圆，每年造酒八万箱，箱四十八瓶，牌以海水托日为记，麦用德产及西京产。日本麦酒厂十数，大者四处，此其一，而专仿德制，自生麦经洗、蘖、酵、烘、碾、煮（加槐花）、滤、酿（两星期）、冻、热（去其气中之不洁者）、冷，凡十一制，六阅月而成酒，入桶，置冷窖八十日，始贮瓶出售。午饭罢，二钟火车回，到藤井寓，同张印之会商工艺局买物事。六钟归，移寓银水楼，藤井邀晚餐，九钟散。

吹田大坂麦酒会社

会商工艺局买物事

二十七　早十钟赴难波火车，十一钟到堺市观砖厂。以胶泥九沙一入机器和作坯，每分钟一百二十枚。全窑椭形，容砖二十万枚，中央烟突高八九丈，四围空隧高丈馀，以装砖。平顶，上通小铁管数十，煤末从此零星倒入。每日烧煤三吨，出砖二万枚，循环周转，逐装逐出。每湿坯重八磅，烧成后六磅。计亮坯十日，进窑烧一昼夜，再停七日，始出之。砖红色，掷作磁声。该社集资十二万元，窑三万元，机器房屋五六万元，馀为工料资本，每日作工三百人。十二钟，堺市酒业、酱业、刀物业各巨商十一人及干事二人皆藤井友，公宴茅海楼，各以其精制品少许见赠，酒罢游海岸观渔。闻日本海军子弟每夏来此海湾水嬉，练习风涛以为乐事。五钟火车回。

堺市各巨商公宴

二十八日　星期。早八钟，三井御幡雅文偕作山专吉来呈造币机价单。午后三钟，往观大坂商品陈列所。所正楼上、下陈各国品，略置中国器物，质粗工拙，相形见绌。中、左、右三庑陈本国制品，楼后为事务所会议室、化验室，延技师为商议工艺改良方法。藤井君十年前创办此事，讲求工业，鼓舞人心，至今大坂大小工厂千数百，遂据全国工业之盛，其造端实由于此。五钟归。

大坂商品陈列所

延技师商议工艺改良方法

二十九　早九钟，晤藤井，访提倡工艺善法。十一钟，同往商品陈列所晤事务长，赠《大坂府工业概览》《陈列所十年纪要》。其办法分四部：一见本部。广搜内外国制品，标其价目，常年纵览无禁，有愿购者听；一调查部。本国制造家，或令呈其制品，或时巡视其制法与外国比较，凡工作之精粗，成本之贵贱，以及销场之衰旺，时价之涨落，运费之多寡，种种利害关系，悉为考究确实，务为劝导诱掖，以启其心志，振其精神，有能依新法制品者给奖牌以褒嘉之，或准专利以保护之；一试验部，设化学器具以待工业上之咨询，凡关化学品物及矿产，均为分析试验，使制作家知其原质，明其理化，因而晤其方法，乃能精益求精；一图书部，凡工业上紧要内、外书

陈列所办法

29,4,29

籍、报告、新闻杂志以及商品目录、特许商标公报等件，时时搜罗，以备来者观览，得资考证。此四事外，尚有《通商月报》，博访海外贸易情形，每月一刊发，略取资焉。该所创办费金三万数千圆，现常年费万馀圆。自明治二十三年倡立后，他府县多仿行之，事简而效速，洵莫此若。今日本通国无一人不需洋货，而无一洋货非出自本国仿造者，此所以区区小国能自立于列强商战之世也。一钟归，午饭。二钟，往造币局告别，局长见示代刻一钱银元模样，赠熔铜炉图一幅。又言印花模座太高有三弊：一装不稳固，二伤机器力，三多费钢。又言凡钢模溅火不宜太硬，硬则易损。五钟归。

事简效速洵莫此若

日本无一洋货非出自本国仿造

三十　早八钟，作山专吉来见，呈造币机器价单。十钟，偕藤井赴西京。十一钟半，到柊屋旅馆午饭。一钟，往高等工艺学校，观理化学试验室、染织场、图画室、定性定量分析室、美术陈列所。该校宗旨重美术，课程分色染、机织、图案三科，凡染织、绘画、雕刻等事，讲求胜于他塾。甫创数月，建屋费金十三万，购器十二万，生额三百名，由中学校及各属工艺学校拔选，常年经费约六万元，无寄宿舍。赠一览录学校规则一纸。晚六钟归，七钟火车，八钟到大坂。

参观高等工艺学校

五月初一　早六钟往大仓制革所，主任伊藤琢磨导观各工场。自生皮至成熟，少约六阅月，多者一年，由洗浸、灰渍（两星期）、漂净、刷毛、去肉、冲洗、入池（药泡栲皮末水悬浸一月）、下窖（用栲皮、椟皮、牝牛

参观大仓制革所

皮三月，牡牛皮厚或碱五、六月不等）、烘亮（入干库用汽管炕烘）、上油（牛油和腊入木桶旋转之）、刮里、研光，凡十二制，然后成熟。该所资本百万圆，其制品海陆军多用之，售价较泰西产廉三之一，尚能获利，以积日久周转难，故需本重。闻该场牛皮多买自朝鲜，进口税重，若中国北方产皮，自制利当更厚。九钟半，归。藤井介绍博览会美术审查官盐田真来见，年五十馀，颇老成，曾奉国命赴泰西各赛会数次，工业阅历甚深。十二钟午饭，一钟火车，二钟半到神户。日本端午节，人家揭竿悬五彩鱼幡，数多寡以儿子计，神户以西尚从华，历途中多见之。（日本端午）赴正金行告别。五钟，主任山川勇木邀晚餐。七钟登车，宿。

初二　早十钟半到马关，渡门司。十一钟车，晚五钟到大牟田车站，三池煤工总理牧田环及事务长诸人迎候，总理导观宫原、万田两新坑。（三池煤工）该矿原为藩主开采三百年，明治初归国家，十年后三井始承办。初仅宫浦北坑，嗣添宫原中坑，近又添万田南坑。工程机械以愈近者愈佳，南坑井口扁方，用木框长四十一尺、宽十七尺，并容两笼升降，旁列水泵三具，笼载两罐约一吨馀。采煤多用犯人，（多用犯人采煤）每一工采二吨半给金六十钱，合华银五钱。煤苗坡势斜度十之一，北高南下。北井深二百尺，中井深六百尺，南井深千尺。煤厚十尺，块居十成五五，碎三成，末一成五，每日共出煤三千五百吨。坑内水极大，抽水机每分钟能抽水六百立方尺者三四具。运道自有铁路十八英里，西南可

29,5,2

抵海，小轮及帆船载数十吨至口津，换大轮放洋，北路由九州铁道运至门司，每吨需费一元八角，未免过昂，近拟自修西南海岸码头，能泊数千吨大轮，约四年竣工，估筑费四百万圆。其税项二：一按占地每坪（每坪方六尺）每年纳日金三十钱，一按煤价完百分之一。现近处煤价，末约四圆，块六圆。日暮，七钟宿旅馆，总理诸人同饮，谈至十一钟散，赠矿山摄影十七幅。

初三　早六钟赴车站，七钟车回北行，一路平衍。见村间打麦用竹板系竿头，二人对举互击之，与吾皖相似。过博多湾海岸，迤北多山（湾为二千年前神功皇后征高丽出帆处，今有祠祀之），十二钟到门司，三井夥山木增雄借小轮送至高砂丸。午饭罢，正金行成田君至此，始别伴游匝月，亦云劳矣。高砂丸船量千吨，速率十英里，德国造。午后三钟，鼓浪西发，大风雨。

村间打麦用竹板系竿头

初四　下午六钟驶近高丽木浦岛，多雾，重停轮。

初五　早，薄雾。九钟半展轮。

初六　晴，霁。下午五钟到烟台（门司至芝罘六百七海里）。

初七　早，登岸晤商局李载之，游南山果园。烟台山种外国果木，如葡萄、苹果、梨、桃之类，极旺。晚八钟，乘泰顺轮开。

初八　下午五钟到大沽（烟台至沽百八十海里），附驳船，七钟抵塘沽车站，宿旅店。

初九　早七钟火车，九钟到津。此行往返计六十三日，水陆舟车不遑寝处，而体转增健，盖日本水土气候尚清和云。

跋

日本维新，最注意者练兵、兴学、制造三事。其练兵事专恃国家之力，固无论已。而学校、工场，由于民间之自谋者居多，十数年间，顿增十倍不止，其进步之速，为古今中外所罕见，现全国男女几无人不学，其日用所需洋货几无一非本国所仿造，近且贩运欧美以争利权。今日中国兴学校、废科举、倡工艺、予专利，既屡奉明诏，不为不切，然而学堂则捐款难，工场则集股难，岂真日本之民驯而中国之民顽耶？间尝默思其故，明治以前其民情之顽固有甚于中国，而何以一旦翻然能使庸夫俗子心志如此之灵敏？盖所以开通风气者，必有要领。其铁路、轮船、电报、得律风之数者之足以大启民智欤！夫民安土重迁，囿于乡里之所习，大率足所未至，身所未经，则以为异，目所不见，耳所不闻，则以为怪，此人之情也。如此，则朝廷虽有良法美意，何由而施？即勉强设施，其不激而生变

维新三事

开通风气必有要领

者，幸也！安望其能响应，若饥渴之于饮食，不可须臾缓也。今日本蕞尔岛国，幅员不过一百三十五万方里，其内港外海商轮大小一千三十馀艘，铁路纵横一万二千数百里，电报、得律风则无村无市无之，其民生而习乎交通洞达之场，智慧日增而不自觉，一学堂之善法，一工场之新制，不片刻而遍传，且不终朝而可亲见，其鼓舞奋迅为何如？故其全国精神团聚若手足之于腹心，朝廷于是发一号施一令如鼓之有桴、斧之有柯，宜乎其新政之易行而收效如此之速也。中国十里之间，往往风气迥异，何况二十数行省言语不通，嗜欲不同，朝廷虽有德意，民辄惊疑观望甚，且流言四起以阻挠煽惑，卒至于扞格不行。无他，民气涣散之已久，而无藉以联络贯通之也。或曰：民喜通达，亦虑浮动。奈何？噫！夫人居暗室，虽君子不能无惰容，若置之耳目昭著之地，未有不肃然庄敬者。民之于国家也亦然，愈闭锢则愈梗顽，引而进之昌明之世，则虽有所不乐，而迫于公义不敢恣肆。观于自古寇盗之兴，每由僻壤，而礼乐之化，必始通都，此可知民情风俗之所关矣！熙不敏，不敢妄谈国是。兹册所记学校、工场居多，怀铅握椠，匆促掇拾于道途之中，既无暇修饰于文词，复不及深究其底蕴，聊纪所见以志雪鸿。而又恐览斯册者，徒羡彼国学校、工场之盛，而不知其所以能设施之原，因识数语于简末，庶几他日重来，不似渔父之再访桃源云尔。

民气涣散无由联通

光绪二十九年六月，建德周学熙识。

周学熙东游日记

人名索引

四画

五画

九画

十画

周学熙东游日记

译名简释

十一画

梳达

苏打

得律风

电话

十三画

满俺

二氧化锰

走向世界丛书一百种

初编三十五种以 * 标出

谢清高 **海录**
* 容　闳 **西学东渐记**
* 林　鍼 **西海纪游草**
* 罗　森 **日本日记**
* 斌　椿 **乘槎笔记**
* 张德彝 **航海述奇**
* 王　韬 **漫游随录**
* 志　刚 **初使泰西记**
* 张德彝 **再述奇**（欧美环游记）
* 张德彝 **三述奇**（随使法国记）

王　芝 **海客日谈**
* 祁兆熙 **游美洲日记**
* 李　圭 **环游地球新录**
* 郭嵩焘 **伦敦与巴黎日记**
* 张德彝 **四述奇**（随使英俄记）
* 黎庶昌 **西洋杂志**
* 刘锡鸿 **英轺私记**

李凤苞 **使德日记**

钱德培 **欧游随笔**
* 何如璋 **使东述略及杂咏**
* 张斯桂 **使东诗录**

黄遵宪 **日本国志**
* 黄遵宪 **日本杂事诗**〔广注〕

陈兰彬 **使美纪略**
* 曾纪泽 **出使英法俄国日记**
* 王　韬 **扶桑游记**
* 徐建寅 **欧游杂录**

谭乾初 **古巴杂记**

王之春 **谈瀛录**
* 李筱圃 **日本纪游**

池仲佑 **西行日记**

蔡　钧 **出洋琐记**

袁祖志 **瀛海采问纪实**

张祖翼 **伦敦竹枝词**

王以宣 **法京纪事诗**

潘飞声 **西海纪行卷**

潘飞声 **柏林竹枝词**

潘飞声 **天外归槎录**

张荫桓 **三洲日记**

邹代钧 **西征纪程**

王咏霓 **道西斋日记**

张元济 **环游谈荟**

余思诒 **楼船日记**

缪祐孙 **俄游汇编**

张德彝 **五述奇**
* 傅云龙 **游历日本图经馀记**

傅云龙 **游历美加等国图经馀记**

洪　勋 **游历闻见录**

崔国因 **出使美日秘国日记**
* 薛福成 **出使英法义比四国日记**
* 薛福成 **出使日记续刻**

陈道华 **日京竹枝词**

严　修 **东游日记**

姚鹏图 **扶桑百八吟**

凤　凌 **游馀仅志**

* 黄庆澄 **东游日记**

吴宗濂 **随轺笔记**

宋育仁 **泰西各国采风记**

王之春 **使俄草**

伍廷芳 **美国视察记**

* 蔡尔康等 **李鸿章历聘欧美记**

张德彝 **六述奇**

刘学询 **考察商务日记**

黄　璟 **考察农务日记**

罗振玉 **扶桑两月记**

罗振玉 **扶桑再游记**

丁鸿臣 **东瀛阅操日记**

沈翊清 **东游日记**

* 梁启超 **新大陆游记**

张德彝 **八述奇**

载　振 **英轺日记**

吴汝纶 **东游丛录**

双　寿 **东瀛小识**

缪荃孙 **日游汇编**

周学熙 **东游日记**

* 单士厘 **癸卯旅行记**

凌文渊 **籥盦东游日记**

张　謇 **癸卯东游日记**

蒋　煦 **西游日记**

王景禧 **日游笔记**

陈　琪 **环游日记**

* 康有为 **意大利游记**

康有为 **德意志等国游记**

康有为 **英国游记**

* 康有为 **法兰西游记**

韩国钧 **实业界之九十日**

李濬之 **东隅琐记**

盛宣怀 **愚斋东游日记**

* 戴鸿慈 **出使九国日记**

金　鼎 **随同考察政治笔记**

* 载　泽 **考察政治日记**

程　淯 **丙午日本游记**

康有为 **西班牙等国游记**

杨泰阶 **东游日记**

文　恺 **东游日记**

左湘钟 **东游日记**

吕珮芬 **东瀛参观学校记**

* 林汝耀 **苏格兰游学指南**

* 单士厘 **归潜记**

金绍城 **十八国游记**

附 艾儒略 **职方外纪**

附 南怀仁 **坤舆图说**

附 丁韪良 **西学考略**

附 艾约瑟 **西学启蒙**

图书在版编目(CIP)数据

沈翊清东游日记/(清)沈翊清著．周学熙东游日记/(清)周学熙著．—长沙:岳麓书社,2016.8

(走向世界丛书/钟叔河主编)

ISBN 978-7-5538-0585-6

Ⅰ.①沈...②周...　Ⅱ.①沈...②周...　Ⅲ.①日本—近代史—史料②军事史—史料—日本—近代③经济史—史料—日本—近代

Ⅳ.①K313.41②E313.9③F131.39

中国版本图书馆 CIP 数据核字(2016)第 084320 号

SHENYIQING DONGYOU RIJI ZHOUXUEXI DONGYOU RIJI

沈翊清东游日记·周学熙东游日记

作　　者:沈翊清　周学熙

校 点 者:朱发建

责任编辑:杨云辉

责任校对:舒　舍

封面设计:吴颖辉　贺红梅

岳麓书社出版发行

地址:湖南省长沙市爱民路 47 号

直销电话:0731—88804152　88885616

邮编:410006

岳麓书社网址:www.yueluhistory.com

2016 年 8 月第 1 版第 1 次印刷

开本:890×1240　1/32

印张:5.25

字数:117 千字

印数:1—3 000

ISBN 978-7-5538-0585-6

定价:30.00 元

承印:长沙超峰印刷有限公司

如有印装质量问题,请与本社印务部联系

电话:0731—88884129